GUÍAVIVA

AF277665

CÓRDOBA
EXPRESS

ANAYA
TOURING

GUÍA VIVA EXPRESS
CÓRDOBA

Textos: **Rafael Arjona, Francesc Ribes** y **Olga García.** Actualización y edición: **Isabel Jiménez.**

Editora de proyecto: **Ana Catherine Gómez.** Cartografía: **Anaya Touring** y **Lola García.** Técnico editorial: **David Lozano.** Producción: **Juan José Rodríguez, Olga Hernando** y **Antonio Mellado.** Diseño tipográfico: **Víctor Domínguez.** Diseño de cubierta: **marivies.**

Fotografías: **123RF:** Arenaphotouk: 17; Barmalini: 13 b; Bennymarty: 66-67; dorianm: 25, 71 c; Efesenko84: 49 b; Freila1: 12; joserpizarro: 111; kiev4: 112-113; Margalliver: 71 a; mathess: 70 b. **Anaya: Archivo Anaya:** 23; **Valls, R.:** 15, 42 a y c, 68 a y b, 72, 83, 98 a, b, c, d y e, 122 a, b y c, 124, 125. **Dreamstime:** Adamina, A.: 87; Apers, P.: 60-61; Arenaphotouk: 105 b; Bogdancaraman: 19; Botond: 27; Emicristea: 46-47; Fesenko, E.: 35, 44-45, 69, 104 a; Geel, H.: 96-97; Grandi, D.: 88 a; Korkmaz: 22; Milosk50: 88 c, 89 a y c; Mmeeds: 8-9; Nozhko, M.: 20-21; Olgacov: 14; Patrickwang: 62, 63; Pavone, S.: 70 c; Pizarro Garcia, J.R.: 33; Rehak, M.: 59, 73; Saaaaa: 13 a; Selinairina77: 41; Sopotnicki: 52-53; Ullah, N.: 34; Whpics: 78, 81. **Istockphoto:** Francisco Javier Alcerreca Gomez: 24. **Shutterstock:** A.Ruiz: 56-57; agsaz: 70 a; Alcerreca Gomez, F.J.: 24; Aparicio Diez, J.M.: 68 c; BearFotos: 13 c; bimserd: 76-77; ColorMaker: 80; elRoce: 50, 64; Ember, S.: 116; Galkina, A.: 105 a; Gutierrez, D.A.: 119; Horvath, B.: 100-101, 104 b; JJFarq: 49 a; John_Silver: 93; Joserpizarro: 30; jucha, m.: 94-95; Kiev.Victor: 84-85; March, J.: 28-29; Musumeci, V.: 118; nito: 107; NL, I.: 108; Noradoa: 71 b; Rcadsoftware: 26; Rehak, M.: 115; Requena Lambert, D.: 75; RudiErnst: 48 b; Sanchez, J.M.: 91; Schrodter, H.C.: 48 a, 65; SCStock: 10-11; Sedmakova, R.: 88 b, 89 b; Sergiocerverafotografo: 117; Silveira, P.: 121; vali.lung: 42 b; VR2000: 55.

4ª Edición: 2024

© Grupo Anaya, S.A., 2024
Valentín Beato, 21. 28037 Madrid
www.guiasdeviajeanaya.es

Depósito legal: M-35.265-2023
I.S.B.N.: 978-84-9158-763-7
Impreso en España - Printed in Spain

PAPEL DE FIBRA
CERTIFICADO

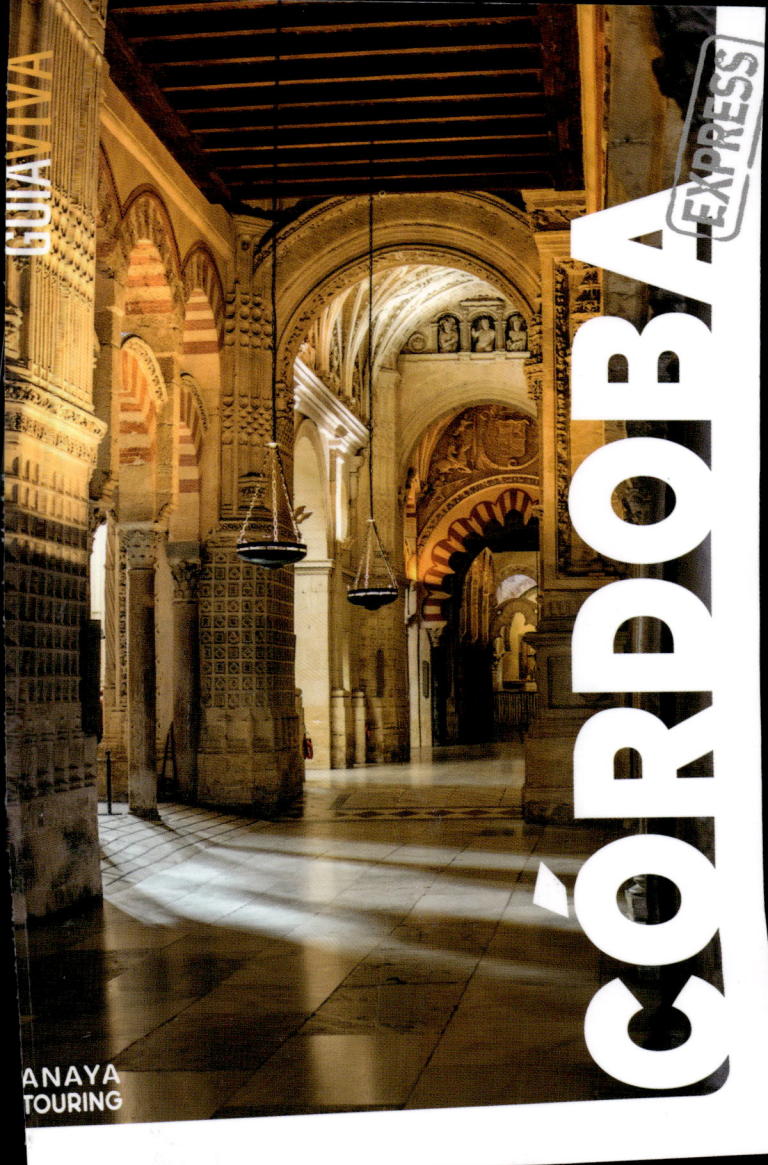

GUÍA VIVA

CÓRDOBA EXPRESS

ANAYA
TOURING

Sumario

Cómo usar esta guía

Esta guía proporciona toda la información necesaria para preparar y disfrutar un viaje breve a Córdoba. Está dividida en cuatro apartados:

Los imprescindibles

Se desarrollan aquí los **puntos clave, visitas** o **actividades** que entrañan un especial interés para el viajero y que no debería perderse.

Datos prácticos

En esta sección se recoge toda la **información** referente a **transportes, oficinas de turismo, agenda cultural, compras, etc.**

Visita a la ciudad

En el apartado **Visita a la ciudad** aparece la **descripción monumental** de Córdoba, organizada por zonas, seguida de una relación de lugares para salir de noche (*La noche*) y de una completa selección de hoteles y restaurantes (*Dormir en Córdoba* y *Comer en Córdoba*). Los recuadros de color proporcionan información adicional sobre fiestas, tapeo, curiosidades, vida nocturna...

La **selección de hoteles y restaurantes** se ha realizado a partir de un riguroso criterio de calidad-precio.

En cuanto a los **alojamientos,** se describen desde los hostales más económicos, hasta los hoteles de precio más elevado. Los **restaurantes** reseñados también ofrecen un amplio abanico de tipologías y precios. Se recomienda consultar el apartado dedicado a la gastronomía (ver *Imprescindibles* y *El contexto*) para disfrutar al máximo de la visita a los restaurantes que se proponen en esta sección.

Para acompañar la visita, y con el fin de facilitar la comprensión de los recorridos que se proponen, esta guía incluye, adherido al interior de la cubierta posterior, un **plano desplegable de Córdoba** que, en colores diferenciados, muestra los distintos ambientes que se pueden encontrar en la ciudad tanto de día como de noche.

En una de las caras está el **plano de día,** donde se resaltan las zonas comerciales, así como los **restaurantes** y monumentos más interesantes que merece la pena visitar durante el viaje.

En la otra cara se encuentra el **plano de noche,** en el que se señalan los **alojamientos** recomendados y se destacan las calles más animadas para disfrutar de la ciudad en horario nocturno.

Además, en las páginas 6-7 se ha incluido un mapa que refleja los **accesos a Córdoba.**

El contexto

En esta sección se ofrecen algunos apuntes sobre la historia, las tradiciones y las costumbres de la ciudad, las fiestas y la gastronomía, así como otros aspectos interesantes relacionados con la cultura cordobesa.

SIGNOS CONVENCIONALES DE LOS PLANOS

PLANOS DE DÍA

- Edificios de interés turístico
- Parques y jardines
- ❶ Restaurantes

PLANOS DE NOCHE

- Edificios de interés turístico
- Parques y jardines
- ◼ Alojamientos

- *i* Información turística

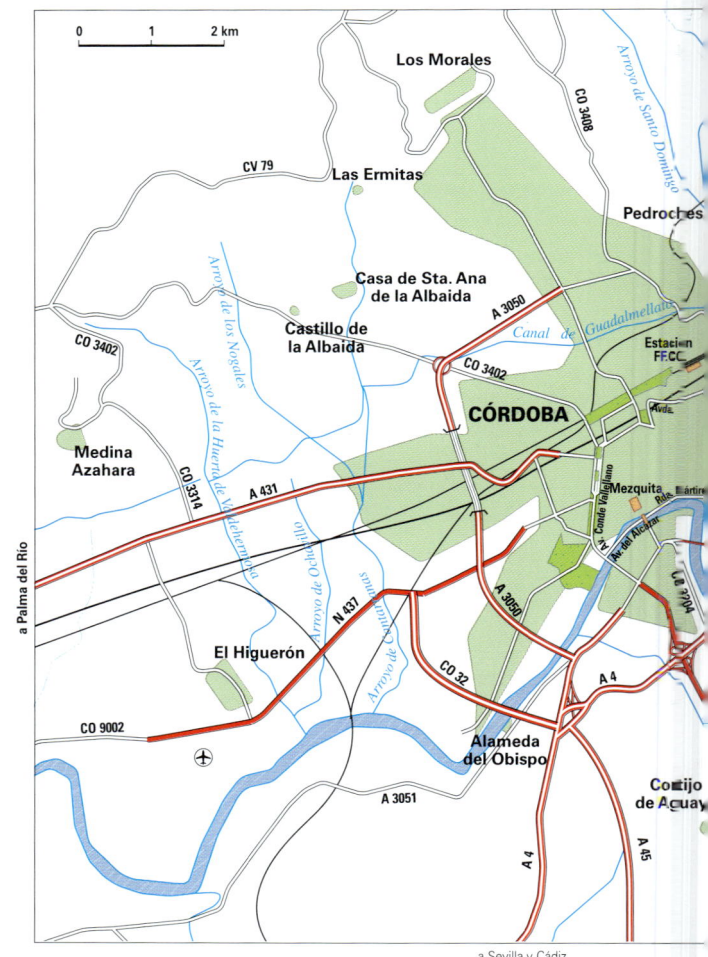

0   1   2 km

Los Morales

CO 3408

Arroyo de Santo Domingo

CV 79

Las Ermitas

Pedroches

Arroyo de los Nogales

Casa de Sta. Ana
de la Albaida

A 3050

Canal de Guadalmellato

Castillo de
la Albaida

CO 3402

CO 3402

Estación
FFCC

Avda.

CÓRDOBA

Medina
Azahara

Arroyo de la Huerta de Valchehenica

CO 3314

A 431

Mezquita

P.º Conde Vallellano

Avda. del Alcázar

Rda. Mártires

LO 3704

Arroyo de Ochillo

Arroyo de Ochillo

a Palma del Río

N 437

El Higuerón

CO 32

A 3050

CO 9002

A 4

Alameda
del Obispo

Cortijo
de Acuay

A 3051

A 4

A 45

a Sevilla y Cádiz

6

Emadén y Badajoz

Nuestra Señora de Linares

CP 319

N 432A

N 4A

Alcolea

Angeles (Los)

CO 3105

a Bailén y Madrid

CO 31

Quemadas (Las)

A.V.E.

Arroyo de Rabanales

A 4

CO 3200

CO 3200

CO 3200

Arroyo de los Galapagares

CO 3204

N 432

Cortijo de la Alamedilla

a Granada

LOS
IMPRESCINDIBLES

La Mezquita

Visitar la Mezquita de Córdoba constituye, sin duda, una experiencia irrepetible. De un modo bastante aproximado, podría describirse como el encuentro con un mundo ya perdido en el que la sensualidad de la geometría constituía puerta preferente de acceso a lo sobrenatural.

Cuenta la leyenda que cuando Fernando III se apoderó de Córdoba en 1236 quedó asombrado ante la enormidad de semejante edificio. Una construcción de tal envergadura, realizada exclusivamente por motivos religiosos y terminada hacia finales del siglo x, solo podía haber sido ejecutada por un pueblo grande y noble. Decidió que aquel edificio no podía perderse y ordenó que, respetando todos sus elementos, se construyese, imbricado y embutido en él, un templo cristiano de modo que el edificio resultante sirviera de símbolo a la estrecha convivencia que durante tantos siglos

habían mantenido ambas culturas. Lo primero que maravilla es la extraordinaria extensión de su planta. Desde una cierta distancia, desde la torre de la Calahorra, por ejemplo, la Mezquita parece un gigantesco mausoleo en el que se hubieran cobijado morosamente los siglos. Un muro perimetral de piedra almenada, en el que se abren puertas decoradas con las características lacerías islámicas, cierra el conjunto. Dentro de él, como el caparazón de un inmenso galápago, sobresalen los tejados, las cúpulas, los arbotantes y los contrafuertes del templo cristiano. En el interior del edificio nos encontramos con un inmenso mar de cientos y cientos de columnas, todas diferentes, que brotan directamente del suelo, es decir, sin basa, para formar once naves paralelas de más de cien metros de longitud. De sus capiteles surge una sucesión interminable de arcos de herradura superpuestos hasta en tres órdenes, que ascienden hasta el artesonado como metafísicas palmeras. Hacia el centro de la edificación se alza la catedral que los cristianos levantaron a partir del siglo xv. A pesar de sus abismales diferencias, ambos espacios constituyen un todo completo y, en cierto modo, perfecto.

Exquisita gastronomía

Vino, aceite y jamón. Con tres ingredientes se sostiene la cocina cordobesa, en cuyos platos es fácil detectar el poso que dejaron romanos, árabes, judíos y cristianos. La capital concentra los sabores de la provincia y atrae sus mejores productos, como los aceites con denominación de origen Baena y Priego de Córdoba, el jamón ibérico de Los Pedroches y los vinos de Montilla-Moriles.

Finos, olorosos, amontillados... Vinos que no necesitan ser encabezados con alcohol debido a la alta concentración de azúcar de la variedad Pedro Ximénez. Con vino de Montilla se guisa el rabo de toro, símbolo de la cultura taurina cordobesa y plato estrella de su cocina; honor que comparte con el salmorejo, una crema fría de tomate, pan y aceite, dietética a más no poder, que se sirve con trocitos de jamón ibérico y huevo duro. Otros miembros de la familia de los gazpachos andaluces con presencia en Córdoba son el clásico de tomate y pepino, y el blanco de almendras, acompañado de trozos de manzana ácida y pasas.

Los flamenquines también están presentes en las barras de bares y tabernas, y rinden homenaje por partida doble al cerdo, pues son filetes de lomo enrollados y rellenos de jamón que se empanan y fríen.

Mientras los cristianos afinaban la crianza del cerdo y aprovechaban hasta el último resto de la matanza en forma de morcillas de cebolla y chorizos serranos, que se fríen y no se curan, árabes y judíos hacían lo propio con el cordero, dejando para la posteridad recetas como la caldereta y el cordero a la miel. De ambas culturas deriva el gusto cordobés por las salsas agridulces, los frutos secos y las verduras, procedentes de la vega del Guadalquivir y lideradas por la berenjena, frita rebozada y regada con miel, o la alcachofa, guisada a la montillana. Lo mejor de la huerta cordobesa —tomates, pimientos, cebollas, calabacines, calabaza, berenjenas…— se congrega en la alboronía, fritada de verduras que es la antecesora del pisto, y también en cocidos y pucheros, donde comparten protagonismo con los garbanzos, mejores si son de Cañete de

las Torres, en el Alto Guadalquivir. El potaje de garbanzos, patatas y bacalao recuerda los tiempos en que los cordobeses, como en toda ciudad de interior, se las tenían que apañar con el bacalao si querían comer pescado. En Córdoba se prepara de muchas maneras, y una de las más interesantes es el remojón, una ensalada que también es típica de Granada y en la que el bacalao, simplemente desmigado y desalado, se acompaña de naranjas troceadas, cebolleta picada y aceitunas negras. Disponer de pescado fresco ya no es un problema, y en Córdoba da pie a sabrosas frituras, especialmente cuando el pez es la japuta (palometa), que se adoba previamente con vinagre, ajos y laurel.

El vinagre de Montilla-Moriles posee denominación de origen, y con él se prepara una tapa de consumo obligado si se visita la ciudad: los boquerones, que una vez macerados se sirven con ajo picado, perejil y un chorrito de aceite (de oliva, faltaría más).

Como se ha dicho, la naranja participa en ensaladas, pero también en salsas agridulces para guisar, por ejemplo, codornices, plato típico de Palma del Río, donde se concentra el cultivo del cítrico traído por los árabes. Puente Genil se asocia con el membrillo, cuya pulpa cocida en almíbar se convierte en el dulce conocido por todos.

Como en toda Andalucía, Córdoba presenta un largo inventario de dulces en los que intervienen miel, canela, frutos secos, huevos, matalahúva y ajonjolí, y con los que se elaboran mantecados, alfajores, merengues, roscos, pestiños, polvorones, mazapanes... No obstante, el postre de la capital es el pastel o pastelón cordobés, un hojaldre relleno de cabello de ángel, espolvoreado con azúcar y canela que en la fórmula tradicional también lleva jamón, un singular contraste entre dulce y salado.

El Alcázar de los Reyes Cristianos

De espaldas al Guadalquivir, en el Campo Santo de los Mártires, se halla el Alcázar, en cuyas dependencias tuvo lugar el primer encuentro de los Reyes Católicos con Cristóbal Colón, en 1486, quien les presentó su proyecto ultramarino, el cual, por cierto, fue considerado irrealizable.

Se trata de una sobria construcción civil –de planta cuadrada, con cuatro torres que rematan los vértices– con fundamentos romanos y árabes, ordenada construir por Alfonso XI de Castilla en 1328. Desde entonces sirvió de hospedería real cuando los monarcas visitaban Córdoba. Como curiosidad, y según cuenta la tradición, la reina Isabel mandó desmontar la rueda del molino de la Albolafia, situado junto al edificio, porque no le dejaba dormir con su ruido.

Desde esta fortaleza impulsaron los Reyes Católicos la conquista del reino de Granada, y aquí recibieron a Cristóbal Colón (el futuro almirante tuvo amores con la cordobesa Beatriz Enríquez de Arana, de los que nació Hernando Colón).

Andado el tiempo, el Alcázar, además de residencia regia, sirvió sucesivamente como sede del tribunal de la Inquisición y cárcel militar y civil hasta el año 1951, en que se reconstruyó y se remoza-

ron sus hermosos y elegantes jardines, en los que existen albercas y fuentes de inspiración mudéjar.

En el interior del edificio se conservan valiosos objetos, como un sarcófago romano del siglo III. Una de las dependencias más espectaculares es el gran salón de los mosaicos, en el que se pueden admirar dos piezas romanas de notable valor: *Psique y Cupido* y, sobre todo, *Polifemo y Galatea,* del siglo II, prodigio de delicadeza cromática y expresividad, lograda con finas teselas, sobre un tema mitológico que, siglos después, inspiró a Luis de Góngora.

Medina Azahara

Medina Azahara, que significa "ciudad brillantísima", es el soberbio yacimiento arqueológico de la ciudad palaciega que mandó levantar el caudillo Abderramán III en el año 936. Cuentan los cronistas árabes que en ella trabajaron 10.000 operarios y 2.600 acémilas, y la imaginación no puede evitar evocar el palacio de *Las mil y una noches*.

La construcción se prolongó durante veinticinco años, hasta el fin de su vida. Posteriormente, su hijo Alhakén II llevó a cabo importantes reformas. Lo verdaderamente cierto es que no se escatimó la calidad de los materiales empleados –mármoles de Cartago y Almería, marfil y ébano, hierro y cobre, oro y plata– ni el concurso de los mejores arquitectos, que vinieron de Bagdad y Constantinopla.

La construcción de la ciudad palatina en la falda de un monte obligó a organizarla en terrazas escalonadas. En la superior se levanta el Alcázar, la zona en la que se centran las excavaciones; comprende los palacios del califa y su corte, entre ellos, las casas de Chafar, del Príncipe y del Ejército, con un pórtico contiguo desde el que se podían presenciar las paradas militares.

La terraza intermedia comprendía jardines y salones de recepción, entre los que destaca el llamado salón Rico, cuya restauración permite apreciar su riqueza decorativa; se trata de un salón de tres naves, abiertas a un pórtico transversal de entrada. Llaman la atención las columnas de mármoles azules y rojos, con capiteles califales o de avispero esculpidos en mármol; los arcos de herradura con dovelas finamente decoradas y, sobre todo, los altos zócalos revestidos de tableros de piedra, labrados con densos motivos vegetales. Finalmente, la tercera terraza comprende la mezquita y las edificaciones de la ciudad propiamente dicha. El recinto amurallado medía 1.500 m de este a oeste, por 750 m de norte a sur.

Sin embargo, y a pesar de tanta magnificencia, la ciudad-palacio fue flor de un día. Los beréberes, ayudados por el rey Sancho de Castilla, se apoderaron de Medina Azahara, símbolo del esplendor califal, en el año 1010, y tras saquearla, la incendiaron y casi la destruyeron completamente.

El flamenco

El arte flamenco constituye en Córdoba, lo mismo que en el conjunto de Andalucía, la expresión que de un modo mejor representa su cultura popular, singular y única, si se compara con la del resto del país. Su origen es remoto y no se conoce con exactitud, si bien no se duda en señalar la época musulmana como una de sus principales fuentes, e incluso, más atrás en el tiempo, la íbera, la griega y la hispanorromana.

En el al-Ándalus de los omeyas, emires y califas tuvieron en su corte jóvenes cantores que se acompañaban con el laúd y ocupaban un lugar de preferencia entre sus aficiones y gustos. Vino, cante y baile formaban parte esencial de la vida cortesana. Del siglo X es la escuela de canto de Ziryab, cuyas canciones dejaron una profunda huella en la Andalucía del Califato. Frente al estilo bagdadí, el pueblo de Córdoba prefería las coplas populares, las zambras y las jarchas, estas últimas de origen mozárabe. Y no hay que olvidar los cantos y salmodias de los judíos, pueblo culturalmente muy ligado a la historia andaluza.

En las danzas que los gitanos bailaban en los siglos XVI y XVII, en tablaos montados ex profeso durante la celebración de la fiesta del Corpus, también se ha visto un antecedente del actual flamenco, en el que la impronta de este pueblo ha sido fundamental. Ya en el siglo XIX, en 1862, con ocasión de un recorrido por Andalucía de la reina Isabel II, la ciudad de Córdoba lo festejó con un espectáculo flamenco, lo que no deja de tener una importante significación. Un fenómeno que potenció este arte como espectáculo fue el de los cafés cantantes, de los que la ciudad tuvo algunos, como el Iberia, el Popular o el Recreo, establecimientos que acogieron a figuras de la talla de Silverio Franconetti, quien cantó por primera vez en Córdoba en 1871.

Más próximo a la actualidad, Córdoba celebra desde 1956 un acontecimiento de hondo calado en el mundo cultural y literario, el Concurso Nacional de Arte Flamenco, del que han salido consagradas nuevas figuras de dimensión internacional en sus tres vertientes: cante, toque y baile. La cita

tiene carácter trienal, en los meses de mayo y junio.

El cante flamenco cuenta con un rico árbol genealógico, no siempre fácil de clasificar, del que se desprenden modalidades, estilos y variantes regionales a partir de unos palos básicos: la toná, la seguiriya, el tango y la soleá. En cada lugar se canta de una manera y Córdoba así lo ha hecho, marcando con su estilo la soleá o generando unas alegrías cantadas con recio acento, que llevan su nombre.

Sentir el flamenco significa vivirlo en su ambiente, casi como un rito, en los tablaos más tradicionales, donde se aprecia su genuina esencia. A ello contribuyen las numerosas peñas que existen tanto en la capital como en la provincia, así como los distintos festivales flamencos, guardianes de la vigencia de este ancestral arte.

El puente romano

Tras sucesivas reconstrucciones, el puente romano de Córdoba, que salva las aguas del Guadalquivir desde la época de Julio César, luce sus mejores galas. Formado por 16 arcos, constituye una de las imágenes emblemáticas de la ciudad, sobre todo de noche, cuando se engalana de luminarias.

En 2008 terminó la más ambiciosa remodelación de este puente, que levantaron los romanos en el siglo I d. C. Es probable que la Vía Augusta, que unía Roma con Cádiz, pasara por él.

En un extremo se encuentra la torre defensiva de la Calahorra,

que también ha sido incluida en el proceso de remodelación del puente, y en el otro la puerta del Puente, que servía de entrada a la ciudad. Ambas construcciones pertenecen a la época de dominación musulmana. En el centro del puente se alza una de las numerosas representaciones del custodio de la ciudad, San Rafael, objeto de devoción de los vecinos de la zona, que depositan velas y flores a sus pies. El puente se halla enclavado en un entorno de gran valor natural, llamado los Sotos de la Albolafia, donde anidan algunas especies de aves, y está acompañado de una serie de antiguos molinos que se han conservado hasta hoy, entre ellos el de San Antonio y el de la Albolafia.

Los alrededores del puente son un excelente lugar para pasear y hacer fotografías, y ofrecen una perspectiva diferente de la ciudad y su Mezquita.

Patrimonio cultural

La primitiva *Corduba,* la etapa como capital de la Bética durante el Imperio romano, la dominación visigoda, la conquista árabe, el esplendor de la ciudad califal, la Reconquista de Fernando III en el siglo XIII... Córdoba ha sabido conservar la riqueza cultural que la historia le ha legado.

Pocas ciudades como Córdoba conservan con tanto primor la herencia que el paso de los siglos ha ido dejando en su entramado urbano. Las distintas culturas y civilizaciones que se asentaron en el territorio supieron respetar –y, en ocasiones, aprovechar y mejorar– los logros y los avances técnicos de sus predecesores. Solo

así se explica que el puente romano haya permanecido en pie hasta nuestros días, que Córdoba cuente con una sinagoga y una estatua dedicada a Maimónides, y, especialmente, que la ciudad posea uno de los más peculiares y magníficos edificios religiosos del mundo, la Mezquita-catedral, simbiosis perfecta de arquitectura al servicio de dos pueblos, el musulmán y el cristiano, y símbolo universal de la convivencia de dos culturas.

Los visitantes interesados en explorar el pasado cultural de Córdoba tienen a su disposición numerosas propuestas, que se ofrecen en los puntos de información turística de la ciudad.

Mayo, un mes especial

En mayo, Córdoba es un ascua de luz. La primavera, en todo su esplendor, engalana fachadas y azoteas, balcones y ventanas, jardines y plazuelas. La ciudad se viste de fiesta y durante todo el mes se lanza a la calle para celebrar la renovación de la vida, el milagro de vivir.

En los primeros días de mayo tiene lugar la festividad de la Cruz, celebración antiquísima de origen pagano, que la Iglesia cristianizó en los albores de la Edad Media. Grandes cruces de flores, en número que ronda las cincuenta, se elevan en las plazas, levantadas por los propios vecinos. Es costumbre visitarlas, cantar y bailar a su pies, y degustar una copa del excelente vino de la tierra.

A continuación se celebra el Festival de los Patios, fiesta autóctona —declarada Patrimonio Cultural Inmaterial de la Humanidad por la Unesco en 2012— que sirve de celebración y de exaltación a una de las características arquitectónicas más genuinas de Córdoba: el patio particular. Los patios, alegres y brillantes durante todo el año, cobran durante estos días un esplendor especial, adornados para la ocasión por sus propietarios. Barrios como San Lorenzo, San Pedro, San Agustín y, sobre todo, San Basilio, ofrecen al visitante los mejores de cuantos existen en la ciudad.

Finalmente, la última semana va a culminar con la Feria que, en los últimos años, ha cobrado un esplendor extraordinario. Las casetas, abiertas y de entrada libre en su mayoría, instaladas por gremios, por instituciones, por empresas, por peñas y hasta por cofradías de Semana Santa, son templos lúdicos en los que se convive bajo los bulliciosos arcos de las sevillanas y del alegre vino que hace olvidar las penas y pone en los ojos destellos de luz y gotas de locura.

Pasear por el casco histórico

No solo la Mezquita es Patrimonio Mundial en Córdoba, también lo es su casco histórico, tan monumental y cuajado de belleza como aquella. Este entramado de calles conserva prácticamente intacta la huella que le imprimieron los musulmanes y el mejor modo de descubrirlo es paseando.

Las calles del casco histórico son estrechas y laberínticas, zigzagueantes, llenas de rincones umbríos, de plazuelas recoletas en las que solo se escucha el rumor de las fuentes, de pequeños jardines, auténticos oasis en el tráfago urbano, y de casas blancas, recogidas en la intimidad y en el silencio.

Es paseando, dejándose llevar por estas callejas, cuando se atisba la esencia de la auténtica Córdoba. A veces puede uno asomarse a los patios, que casi siempre se ven desde la calle (herencia de los romanos) y observar su decoración, a veces alegre y soleada, otras umbría y refrescante (aquí está presente el legado árabe).

También así, a pie, puede uno detenerse a admirar la arquitectura, y hasta el suelo de la ciudad, que en algunos lugares luce tanto como los monumentos más afamados. Se trata de ese pavimento formado por cantos rodados, los chinos, que forma dibujos bellísimos y que alcanza su máxima expresividad en patios y en lugares como la cuesta del Bailío.

A mitad de paseo, o cuando aprieta el calor, no hay nada como buscar el descanso en una plaza sombreada, o el cobijo de una taberna, donde se palpa tanto el alma de Córdoba como en la mismísima Mezquita.

DATOS
PRÁCTICOS

Llegada a Córdoba.
Situada en el corazón de Andalucía, Córdoba recibe cada año a cerca de un millón de visitantes, en un flujo constante que no disminuye ni en pleno verano, cuando se registran temperaturas situadas entre las más elevadas de la Península.

En avión

El aeropuerto de Córdoba no es comercial, aunque tras la ampliación de las pistas en 2018 y otras obras de mejora de la terminal se espera una pronta reactivación del mismo para vuelos comerciales desde destinos tanto nacionales como internacionales. Hasta el momento, los aeródromos de Sevilla y Málaga son los más frecuentados para quienes llegan por aire.

En tren

Con los trenes de alta velocidad (Ave, telf. 91 232 03 20, www. renfe.com; Iryo, https://iryo.eu), a Córdoba se llega en un suspiro. Aquí se bifurca la línea férrea que llega desde Madrid y continúa hacia Sevilla y Málaga. Desde Madrid, el trayecto en tren hasta Córdoba dura 1 hora 40 minutos; desde Sevilla, 40 minutos, y desde Málaga, poco menos de una hora.

Estación de Córdoba

La **estación de ferrocarril,** a la que llegan tanto los trenes de alta velocidad como los regionales y de cercanías, se encuentra en la glorieta de las Tres Culturas, a poca distancia del centro histórico.

En autobús

Junto a la **estación de tren** se encuentra la de autobuses (telf. 957 404 040; www.estacion autobusescordoba.es). Las empresas que aquí operan disponen de un largo abanico de destinos, entre los que destacan las principales localidades de Andalucía, Extremadura, la costa mediterránea y Madrid.

En coche

Córdoba es, desde antiguo, un cruce de caminos, por lo que resulta fácil llegar en coche. Desde el norte, la principal vía es la A 4 (autovía del Sur), que sitúa a Madrid a unas cuatro horas de viaje, y a Sevilla, a una hora y media. La autovía A 45 comunica Córdoba con Málaga, mientras que la carretera N 432 facilita el acceso hacia Extremadura o Portugal. Existe una buena red de aparcamientos municipales y la mayoría de hoteles dispone de garaje.

Ya en Córdoba, lo mejor es olvidarse del coche mientras dure la estancia, tanto por comodidad (el acceso a la mayor parte del casco histórico está restringido a vehículos privados) como por responsabilidad (reducir las emisiones contaminantes es una de las prioridades del Ayuntamiento).

Moverse por la ciudad. Una vez nos hayamos liberado de las cuatro ruedas, Córdoba ofrece numerosas posibilidades para moverse por ella, ya sea por libre, ya sea siguiendo rutas turísticas prediseñadas.

A pie

La manera más sencilla de moverse por el centro de Córdoba es caminando. Equipado con calzado cómodo, ropa ligera y agua (desde mayo hasta octubre se registran máximas de más de 30 °C), el viajero tiene varias opciones; por ejemplo, pasear en compañía de esta guía y descubrir sin prisas las maravillas de Córdoba, que por algo es Patrimonio Mundial. O se pueden seguir los itinerarios definidos por el Consorcio de Turismo de Córdoba, tanto por la zona monumental como por el centro urbano y comercial o la periferia.

Y para que los paseos sean más amenos, hay otras posibilidades:

■ Existen numerosas **apps** que facilitan la visita de Córdoba a pie: **CityPlan** ofrece completa información acerca de lugares, eventos, actividades y ofertas de la ciudad. **Ruta de las iglesias fernandinas** plantea un recorrido por las 11 iglesias que Fernando III el Santo ordenó levantar a mediados del siglo XIII y principios del XIV. También pueden resultar útiles **VirTimePlace**, una novedosa aplicación de realidad virtual, **Tutto Córdoba**, guía de Córdoba capital y provincia, **laguiaGO!**, completa guía de ocio, o **Soy Córdoba**, sobre todo tipo de eventos (conciertos, gastronomía...). Todas ellas, por supuesto, disponibles tanto para Android como para iPhone en sus respectivas plataformas de compra.

■ **Vistas guiadas.** Nada mejor que la compañía de un guía turístico para recorrer y conocer a fondo una ciudad.

En Córdoba, varias entidades ofrecen sus servicios y todas pueden organizar rutas personalizadas: **Asociación Profesional de Informadores Turísticos** (APIT, telf. 957 486 997; www.guiasdecordoba.es), **EnCórdobate** (telf. 633 810 053; www.encordobate.com) o **Guiacor** (telf. 957 492 638; www.guiacorturismo.com). Otras buenas agencias son: **Córdoba Visión, Konexion Tours, Artencordoba, Become Córdoba, Córdoba a Pie, Cordobaviva, Érase una vez Córdoba** (paseos nocturnos) o **Foodie Tours Córdoba** (para los comilones), etc.

Con transporte urbano

Los **autobuses** urbanos (*Aucorsa,* telf. 957 476 450; www.aucorsa.es) facilitan la comunicación entre todos los barrios y el centro histórico a través de sus 16 líneas.

Además, un autobús viaja a diario al conjunto arqueológico de Medina Azahara. Horario: de martes a domingo, salidas a las 10 h (regreso 13.30 h) y 10.45 h (regreso 14.15 h); de martes a sábado, a las 21.15 h (regreso 23.30 h). Desde el centro de interpretación se accede al yacimiento con el servicio de bus/lanzadera (frecuencia de 20 minutos). Las entradas se compran online o en los puntos de información turística. Cuestan 10 € (adultos) y 5 € (niños) e incluyen el viaje de ida y vuelta (telf. 957 201 774).

El otro transporte público de Córdoba es el **taxi** (telf. 957 764 444; www.pidetaxicordoba.es). Los vehículos son de color blanco y hay numerosas paradas repartidas por toda la ciudad. Además, pueden ser un buen medio para conocer la ciudad si se dispone de poco tiempo. El servicio **Taxi Tour** (telf. 666 236 647; https://taxidalver.com/taxi-tour/cordoba) ofrece un

Córdoba se disfruta paseando

Información turística

Centro de Recepción de Visitantes
Plaza del Triunfo, s/n.
Telf. 957 469 707, 957 355 179.
www.turismodecordoba.org
www.turismoandaluz.com
Inaugurado en 2014, consta de dos edificios separados por una calle peatonal.
El edificio sur cuenta con un mirador en su cubierta que permite admirar el entorno del río Guadalquivir con el puente romano y la torre de la Calahorra. El edificio norte se divide en tres plantas y, además de poder obtenerse información turística, hay una cafetería y una tienda. En el subsuelo del Centro se han integrado restos de origen romano y visigodo. Igualmente, acoge una exposición permanente cuyo tema principal es el río Guadalquivir a su paso por Córdoba.

Patronato Provincial de Turismo de Córdoba
Avda. Ronda de los Tejares, 32.
Telf. 957 491 677.
https://cordobaturismo.es

Concejalía de Turismo del Ayuntamiento
Capitulares, 1. Telf. 957 200 522.
www.cordoba.es

Puntos de Información Turística
Plaza de las Tendillas. Campo Santo de los Mártires, frente al Alcázar de los Reyes Cristianos, y Estación de tren.
El de la estación se ubica en el vestíbulo de llegadas y abre todos los días, de 9.30 h a 14 h y de 16.30 h a 10.30 h. El quiosco de la céntrica plaza de las Tendillas abre sus puertas de 10 h a 14 h y de 16.30 h a 19.30 h, y el de Campo Santo de los Mártires, situado frente al Alcázar de los Reyes Cristianos, lo hace de 9.30 h a 14 h y de 16.30 h a 20 h, excepto viernes, sábados y festivos, cuando no cierra a mediodía.

recorrido para visitar los enclaves más representativos de Córdoba. Su precio es de 240 €/6 horas.

Con transporte turístico

Hay visitantes inquietos que no se conforman con pasear por la ciudad. Para ellos, Córdoba ofrece varias alternativas:

■ **Córdoba desde el aire.** Un paseo en globo aerostático ofrece, sin duda, una nueva perspectiva de Córdoba. Esto es lo que ofrecen **Globotur** (telf. 652 410 191; https://globotur.es/cordoba/) y **Gloobo** (telf. 955 110 955; www.gloobo.es)

■ **Bicicleta.** Una ciudad llana como Córdoba invita a ser recorrida en bicicleta. **Revelociona** ofrece varias rutas guiadas (telf. 611 538 771; https://revelociona.wixsite.com/my-site). Con **Elektrik**

(telf. 671 417 814; https://renta-bikecordoba.com) también puedes realizar una ruta guiada o solamente alquilar una bici eléctrica o un patinete.

■ **Coches de caballos.** Es el transporte turístico por antonomasia en Córdoba. Conserva todo su encanto, y no por típico deja de ser una excelente manera de descubrir la ciudad. El servicio lo gestiona la Asociación de Coches de Caballos de Córdoba, y tiene paradas en el Campo Santo de los Mártires (junto al Alcázar de los Reyes Cristianos), en la calle Torrijos (frente a la Mezquita) y en la glorieta de la Cruz Roja (esquina calle San Vicente de Paúl).

■ Otras propuestas para visitar la ciudad son en **Triciclo, Segway** o en el bus turístico **City Sightseeing**.

Actividades. Además de visitar la ciudad, comer, beber y dormir, Córdoba ofrece una amplia gama de posibilidades para ocupar el tiempo libre.

■ **Flamenco.** Los aficionados al cante flamenco tienen a su disposición varios tablaos: **El Cardenal,** en la calle Buen Pastor; **Arte y Sabores de Córdoba,** en Velázquez Bosco, 10, pequeño e íntimo; **Saborea el Flamenco,** en Corregidor Luis de la Cerda; y la **Taberna La Fuenseca,** en Juan Rufo, esquina Conde Arenales, un local frecuentado, sobre todo, por cordobeses.

Aunque no de forma regular como en estos establecimientos, es posible participar del flamenco en las numerosas peñas que existen en la ciudad. Entre las que más actividades desarrollan cabe citar **El Rincón del Cante,** en la calleja del Niño Perdido; **El Rincón Flamenco,** en la carretera de Almadén, 4; **Las Ovejas Negras,** en avda. de Carlos III, 18, y **Fosforito de Córdoba,** en Ocaña, 4, en la taberna Las Beatillas.

■ **El Hamman.** Se trata de un baño árabe sito en una antigua casa restaurada de la calle Corregidor Luis de la Cerda (telf. 957 484 746; https://cordoba.hammamalandalus.com), en el que se puede tomar un baño, recibir un masaje con aceites aromáticos o saborear un té moruno. Todo ello en el exótico ambiente de las mil y una noches.

■ **Teatro.** El **Gran Teatro,** por su parte, ofrece continuos y variados espectáculos que van desde la ópera al teatro comercial y experimental, sin olvidar las actuaciones musicales de la Orquesta de Córdoba, que tiene aquí su sede.

La **Escuela Superior de Arte Dramático,** en Blanco Belmonte, 14, cuenta con un teatro en el que a lo largo del año se celebran abundantes espectáculos de todos los tipos.

Córdoba en internet

Antes de partir, o durante la estancia, quizá se necesite comprobar algún dato o buscar información adicional, tal vez para prolongar el viaje por la provincia o realizar alguna excursión. No cabe duda de que Internet es la mejor herramienta. Aquí tenéis algunas direcciones para empezar:
www.turismodecordoba.org
https://cordobaturismo.es
www.turismoandaluz.com

Lo mismo ocurre en el viejo **Teatro Cómico Principal,** en el que, además, tienen su sede el Ateneo de Córdoba y el legendario Centro Filarmónico Eduardo Lucena, bastión de las tradiciones cordobesas, especialmente musicales.

A finales de 2011 se recuperó el **Teatro Góngora,** un bello edificio construido en 1932, que fue en su momento uno de los cines más modernos de Andalucía, en el que se vienen sucediendo tanto representaciones teatrales como todo tipo de actos culturales relacionados con la escena.

■ **Cine.** En plena decadencia de las proyecciones cinematográficas, la ciudad solo cuenta en la actualidad con tres multicines, uno en el **Centro Comercial El Arcángel,**

otro en el **Centro Comercial Guadalquivir** y el tercero en el **Centro de Ocio El Tablero,** cada uno con varias salas.

Existen también cuatro terrazas dedicadas a cine de verano: **Coliseo San Andrés, Fuensca, Delicias** y **Olimpia,** a las que se suma la **plaza de toros.**

La **Filmoteca de Andalucía,** con sede en Medina y Corella, 5, completa con sus reposiciones, ciclos clásicos y preocupación por la vanguardia, el panorama del espectáculo cinematográfico en Córdoba.

■ **Deportes.** Por lo que se refiere al deporte, en cuyas actividades se puede participar como practicante o como espectador, el Patronato Municipal de Deportes, dependiente del Ayunta-

☎ Teléfonos de interés

Ayuntamiento de Córdoba	957 499 900
Cruz Roja	957 420 066
Emergencias	112
Urgencias del SAS	
(Servicio Andaluz de Salud)	061
Bomberos	080
Guardia Civil	062
Policía Nacional	091
Policía local	092
Correos. Oficina Central	957 496 342

 Agenda

Enero

Cabalgata de los Reyes Magos. El año festivo cordobés se abre el día 5 de enero con la celebración de la cabalgata, que recorre las calles de la ciudad de Córdoba desde los jardines del Alcázar hasta la avenida de Barcelona.

Febrero

En febrero y en fecha variable se celebra el **carnaval.** La Asociación de Agrupaciones Carnavalescas organiza un concurso de comparsas y chirigotas, agrupaciones músico-vocales (de influencia gaditana) que han reemplazado a las tradicionales murgas y estudiantinas cordobesas.

Marzo-Abril

Semana Santa. Caiga en marzo o en abril, la Semana Santa cordobesa se caracteriza por el silencio con que son seguidas las procesiones, organizadas por 35 cofradías. Las más concurridas transcurren por el casco antiguo.

Patios para disfrutar. Aunque se pueden visitar durante todo el año, es en primavera cuando alcanzan su máximo esplendor. En www.turismodecordoba. org se encuentran las direcciones de los patios abiertos al público, tanto los de pago como los gratuitos, así como los horarios de visita. Más información en www. amigosdelospatioscordobeses. es y www.rutadepatioscordoba. com.

Mayo

Cruces de Mayo. El mes se abre con una *Batalla de las Flores,* cabalgata festiva y florida que recorre buena parte de las calles del centro. Dependiendo de cómo caiga el fin de semana, coincide más o menos con esta batalla el *Concurso de las Cruces,* en el que participan más de sesenta cruces que los cordobeses montan en plazuelas y rincones de los barrios históricos, decoradas con flores, mantones de manila, macetas, etc. A su alrededor se canta y se baila y se bebe el buen vino de Montilla-Moriles.
Festival de los Patios. Primera quincena del mes. Celebración autóctona que fue declarada por la Unesco

Patrimonio Cultural Inmaterial, en la que buena parte de casas cordobesas adornan especialmente sus patios y los muestran a sus visitantes. Esta fiesta se completa con el *Concurso de Rejas y Balcones,* en el que participan numerosas viviendas de los barrios tradicionales y populares.

Concurso Nacional de Arte Flamenco. Durante la segunda semana de mayo, tiene lugar este concurso. Se celebra cada tres años, organizado por el Ayuntamiento, y suelen concurrir al mismo un centenar de cantaores, guitarristas y bailaores, aspirantes a unos premios que suponen la confirmación y consagración de sus ganadores.

Feria de Nuestra Señora de la Salud. Esta feria se celebra durante la última semana del mes. Desde 1994 se instala en el paraje del Arenal, a la orilla del río. Su principal virtud es la de tener todas las casetas abiertas al público en general.

Junio

La Noche Blanca del Flamenco. Se celebró por primera vez en 2008 y ya se convirtió en un acontecimiento. Durante toda una noche de finales de junio, las calles y plazas se llenan de guitarras y voces flamencas de los artistas más afamados de este género.

Julio

Festival de la Guitarra de Córdoba. Por aquí pasan las mayores figuras de la guitarra clásica o moderna, el flamenco o el jazz, pero su prestigio también se debe a que las actuaciones tienen lugar en algunos de los espacios más bellos de toda Córdoba (www.guitarracordoba.com).

Agosto

Noches de Embrujo. A lo largo de julio y agosto tienen lugar en la capital numerosas actividades de tipo cultural –actuaciones musicales, flamenco, lecturas poéticas, cuentacuentos, juegos, etc.– que se celebran durante la noche y tienen por escenario las plazas y las calles de los barrios populares.

Septiembre

Cosmopoética. Se ha convertido en una referencia para poetas y escritores por su voluntad de hacer llegar la poesía y la literatura a todos los ciudadanos. El programa de actos »

Agenda

>> se extiende entre septiembre y octubre e incluye actividades relacionadas con otras artes (www.cosmopoetica.es).
Velá de la Fuensanta. El 8 de septiembre en Córdoba se celebra una verbena en torno al santuario de la Virgen de Fuensanta, copatrona de Córdoba.

Octubre
San Rafael
El 24 de octubre es la festividad de San Rafael, custodio de Córdoba. Este día es tradicional desplazarse a parajes de la sierra cercana, especialmente al parque forestal Los Villares, y comer el perol.

Diciembre
Navidad en los patios cordobeses. Los patios de la ciudad se abren de nuevo al público decorados con motivos navideños. Se pueden visitar desde mediados de diciembre hasta la víspera de Reyes, excepto durante los días festivos.

miento, pone a disposición de todo el público los Polideportivos de Margaritas, Lepanto, Vista Alegre, Fuensanta, Sector Sur y Poniente. En el **Vista Alegre** celebra sus partidos el **Club Baloncesto Córdoba,** que milita en la liga EBA. En este lugar, junto con la plaza de toros, se celebran, igualmente, abundantes conciertos de los llamados multitudinarios, con los cantantes más en boga.

Los aficionados al caballo pueden acudir a la **Escuela de Equitación y Doma** (ctra. de Palma del Río, km 5), al **Club Hípico de Córdoba** (ctra. de Trassierra, km 3,2), o al **Pony Club La Loma,** en el km 3,5 de esta última carretera. En las **Caballerizas Reales** tiene lugar la **Feria del Caballo,** que se celebra todos los años en los primeros días de mayo.

Los amantes del golf tienen su sitio en el **Real Club de Campo**, en la carretera antigua Córdoba-Obejo, km 9,2. Dispone de 18 hoyos en un recorrido de 4.920 m, y su par es de 72.

■ **Salas de exposiciones.** Varias son las salas de exposiciones con que cuenta la ciudad. Entre las de mayor actividad figuran la **Galería Studio 52** (Ronda de los Tejares, 15), **Carmen del Campo** (plaza de Chirinos, 4), el **Centro de Exposiciones Cajasur** (ronda de los Tejares, 6), el **Colegio de Arqui-**

tectos (Gran Capitán, 32), **Sala Aires** (Arguiñán, 2) y **Vimcorsa** (Duque de Saavedra, 9).

■ **Varios.** La **Biblioteca Viva de al-Ándalus**, en la casa del Bailío, ofrece, entre sus muchas actividades, algunas de carácter cultural relacionadas con el mundo hispanoárabe.

El antiguo **Círculo Cultural Juan XXIII** (hoy en la calle de la Palma, 2), avanzada de la democracia en tiempos de la dictadura, programa numerosas actividades relacionadas con la ecología, la paz, la emigración, etc.

En la **Casa de la Juventud,** sita en Campo Madre de Dios, s/n, antiguo convento de Madre de Dios,

de terciarios franciscanos, muestran, entre sus actividades, una especial inclinación por la poesía, especialmente por la poesía joven. Los autores más jóvenes, en efecto, tienen aquí un lugar para el aprendizaje y las lecturas públicas. Lecturas poéticas a cargo de escritores de renombre nacional e internacional, así como audiciones musicales, se celebran con regularidad en el **Palacio de Viana** (en Reja de Don Gome) y en la **Casa Góngora** (Cabezas, 3).

La plaza de la Corredera acoge a lo largo del año diversas actividades, principalmente espectáculos musicales dirigidos, sobre todo, a los jóvenes. Este tipo de

Artesanía y compras

En Córdoba, los antiguos oficios se niegan a desaparecer, quizá porque los objetos artesanales están hechos a mano, son genuinos y constituyen una de las mejores compras que pueden hacer los visitantes.

La **joya** cordobesa goza de enorme prestigio. Los talleres siguen utilizando procedimientos tradicionales desarrollados por artesanos muy especializados, tanto para los diseños clásicos como para los más modernos. La filigrana, en la que se trenzan hilos de oro y plata, es una técnica excusiva de Córdoba, y con ella se crea una gran variedad de piezas, desde suntuarias hasta religiosas.

También pervive la artesanía del **cuero,** que en Córdoba se remonta a la época musulmana. Aparte de la guarnicionería, sus facetas más artísticas son el cordobán y el guadamecí.

En la capital sobresale la **ebanistería** y sus oficios complementarios, ya sea en la fabricación de muebles en maderas nobles o en su restauración, ya sea en la creación de piezas de carácter religioso. Aunque los procedimientos se han tecnificado bastante, la **alfarería** mantiene la delicadeza de la cerámica califal, con motivos geométricos o vegetales, grafismos en letra cúfica y los colores de siempre: blanco, verde cobre y gris manganeso.

Aparte del **hierro forjado** y la **artesanía en bronce,** Córdoba mantiene una singular especialización en la elaboración de **faroles.** Otro artículo genuino es el **sombrero cordobés,** que antaño era de uso diario.

La artesanía tradicional también cuenta con talleres dedicados al **bordado** y los **encajes,** la fabricación de **guitarras** o los artículos decorativos de **mimbre** y **esparto.**

El grueso de comercio cordobés se concentra en el centro, pero también han surgido áreas comerciales en otros barrios, como La Viñuela, Santa Rosa, El Zoco o Ciudad Jardín.

conciertos se producen también en la explanada de la Diputación, en cuyos patios y dependencias, se celebran también diversas ferias y exposiciones, como Expocaza o la Feria de Agricultura Ecológica. Entre los meses de mayo y septiembre tienen lugar sucesivas verbenas por la mayoría de los barrios del capital. Suelen ocupar el fin de semana y gozar de una gran animación.

Córdoba para niños.

Los niños pueden disfrutar mucho en Córdoba, tanto como los adultos. A los pequeños les encantará visitar el Alcázar, las murallas, las ruinas de Medina Azahara, montar en una calesa... Aunque si el bagaje histórico y cultural de Córdoba no es suficiente estímulo para ellos, la ciudad les tiene preparadas otras actividades, pensadas especialmente para los más pequeños.

Por ejemplo, la **Ciudad de l@s Niñ@s** (avenida Menéndez Pidal; telf. 650 547 865; https://ciudaddelosninos.cordoba.es), que es un parque infantil un tanto especial, pues abarca cuatro hectáreas y cuenta con 30 áreas de juegos integradas en zonas verdes. Este parque modélico también cuenta con pistas de skate, quioscos, aseos, botiquín y monitores especializados.

En la avenida de Linneo se ubica el **Centro de Conservación Zoo Córdoba** (https://zoo.cordoba.es). Cuenta con unos 300 ejemplares de aves y mamíferos, además de algunos reptiles, y, al igual que otros parques zoológicos, su principal función es fomentar el respeto por el medio ambiente. Próximo al zoo, el **Jardín Botánico** (www.jardinbotani-codecordoba.com) también tiene entre sus cometidos difundir el respeto y el conocimiento de la naturaleza, y para ello cuenta con varios talleres infantiles en los que los niños aprenden a reconocer huellas de animales o a recolectar y cocinar frutas y verduras de temporada, entre otras actividades.

Ya fuera de la ciudad, pero muy cerca, los críos tienen entretenimiento asegurado en las granjas-escuela **Cortijo Cabriñana** (http://cortijocabrinana.com) y el **Cortijo de Frías** (https://cortijofrias.com); en el **parque** periurbano de **Los Villares** (a ocho kilómetros de la capital); en el parque acuático **Aquasierra** (https://aquasierra.es/) o en el **Karting Indoor Córdoba** (www.kartingcordoba.com).

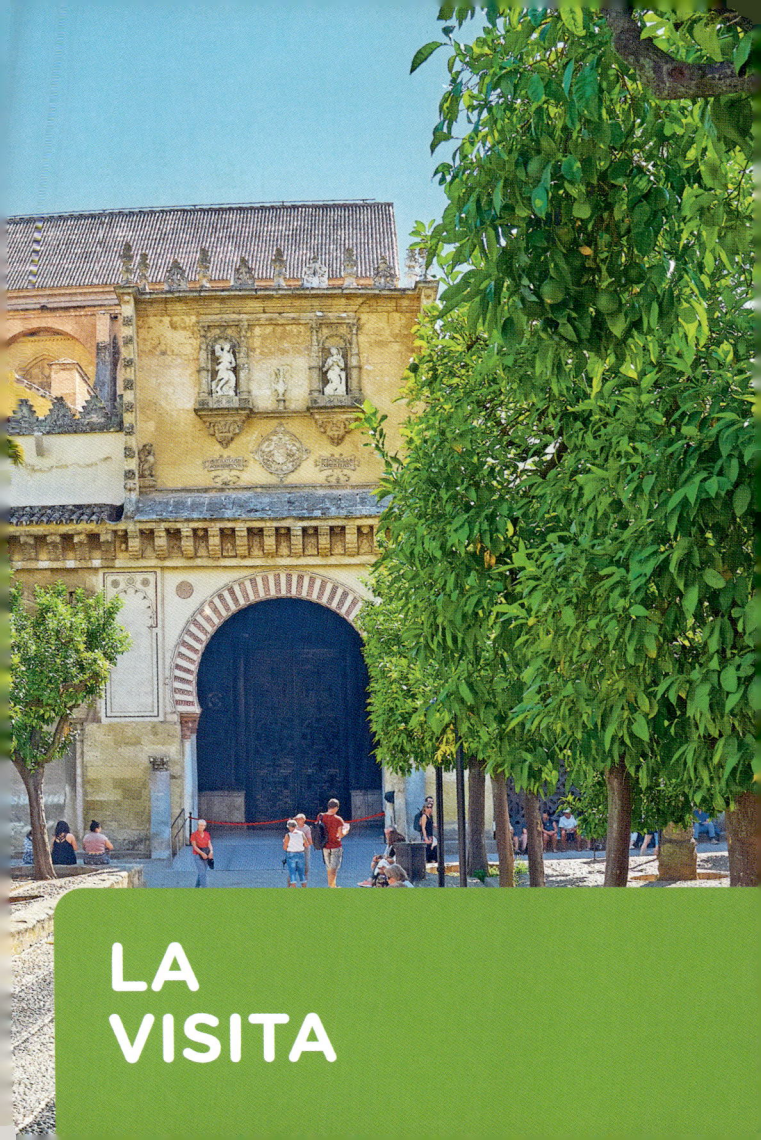

LA
VISITA

Visita a Córdoba

La Córdoba milenaria, la Córdoba romana fundada por Claudio Marcelo, ha vivido una enorme transformación urbana desde entonces y, sin embargo, y a pesar de tan señalada metamorfosis, no
ha perdido nada de su viejo encanto de ciudad recoleta y miste-
riosa. Los grandes hitos del pasado han soportado incólumes el
paso de los siglos.

Córdoba cuenta con el casco histórico más grande de Europa, declarado Patrimonio Mundial, y conserva prácticamente intacta la estructura trazada durante el esplendor del Califato, a base de callejuelas

inverosímiles, frescos patios, plazas y plazoletas en las que juegan a un tiempo la sombra y el silencio. Un casco histórico por el que todavía es posible dejarse llevar sin prisas por el azar de los pasos, mientras se arranca el velo de la historia saboreando el milagro de las añosas piedras.

Y luego está su joya más preciada, una de las obras más representativas del esplendor árabe a su paso por la Península, y uno de los edificios religiosos más bellos del mundo, también. La Mezquita es, por sí sola, un viaje en el tiempo, y el conjunto de casas, calles y plazuelas que rodean el edificio son un fiel testimonio de una cultura que dejó una huella imborrable entre el Guadalquivir y las estribaciones de Sierra Morena.

La Córdoba inmortal, Patrimonio Mundial

Por la Judería hasta la Mezquita

Un excelente sitio para empezar la visita puede ser la **puerta de Almodóvar,** custodiada por la figura de **Lucio Anneo Séneca,** el gran sabio cordobés, para ir adentrándose en la **Judería** por la **calle Judíos,** donde se encuentran la **Casa Andalusí** (nº 12), típicamente morisca, el **Museo de la Alquimia** (nº 14; http://museodelaalquimia.com/museo), la **Casa de Sefarad,** museo y centro cultural dedicado a la cultura, historia y tradición sefar-

dí, y la **Sinagoga** (nº 20; telf. 957 749 015; visita: de martes a domingo, de 9 h a 15 h; lunes, cerrado). El acceso, a través de un pequeño patio, comunica con la casa del guarda y la nave de la sinagoga. Precedida de un vestíbulo, la sala principal está decorada con yeserías de intrincado diseño y varias inscripciones extraídas del Libro de los Salmos. A la izquierda del hueco dedicado a custodiar el Pentateuco se conserva una inscripción dedicada a Yishad Moheb, su fundador en 1315.

Enfrente está la entrada al patio que forma el **zoco** municipal, con tiendas de artesanía y recuer-

Estatua de Séneca, junto a la puerta de Almodóvar y Sinagoga.

 aos. La salida posterior da a la calle Averroes y a la plaza de Tiberíades, presidida por una estatua del gran pensador judío cordobés **Maimónides.**

En esta plaza tiene su sede el **Museo Taurino** (telf. 957 201 056; www.museotaurinodecordoba.es; visita: en verano, de martes a domingo y festivo, de 8.15 h a 14.45 h. Lunes cerrado). El fondo museístico se compone de cuadros y litografías de escenas de la lidia, carteles taurinos y objetos personales de ilustres toreros, como Manuel Benítez, *el Cordobés,* Lagartijo o Manolete, del que se guarda una figura yacente.

A continuación, en dirección este, a la izquierda, se halla la **capilla de San Bartolomé,** interesante muestra de arquitectura medieval y en la actualidad unida al antiguo **hospital del Cardenal Salazar,** hoy Facultad de Filosofía y Letras, en cuya fachada se aprecia el escudo del cardenal. Su uso como hospital se alargó hasta los años setenta de siglo xx, periodo en el que se llevaron a cabo las obras necesarias para adaptarlo a la actividad docente. Enfrente del hospital se levanta la interesante **iglesia del convento de San Pedro de Alcántara.**

Subiendo por la **calle Deanes** (bien surtida de tiendas de *souve-*

Calle de la Judería e interior de la capilla de San Bartolomé.

Calleja de las Flores

nirs) se llega a la plaza de la Agrupación de Cofradías. Aquí se encuentra la **Casa Museo Guadamecí Omeya** (telf. 957 050 131; https://guadameciomeya.com), en la que se muestra amplia colección de guadamecíes y otros trabajos en piel de larga tradición en Córdoba. A la izquierda, conforme se mira al museo, al fondo de la calle Samuel de los Santos Gener, se encuentra la sede de la **Casa Árabe** (telf. 957 498 413; www.casaarabe.es), ubicada en la denominada **Casa Mudéjar,** agrupación de cinco casas, con varios encantadores patios, cuyos orígenes se remontan al siglo XIV. Esta institución organiza numerosas y variadas actividades relacionadas con el mundo islámico, tanto actual como histórico.

Desde aquí mismo baja la calle Velázquez Bosco, en la que se abre la celebérrima **calleja de las Flores.** La imagen de este precioso rincón se os quedará para siempre grabada en la memoria, como a otros tantos millones de personas que han visitado y fotografiado esta angosta calle, inundada de macetas con geranios y con la imagen de la torre de la catedral al fondo. Al salir os toparéis con los **baños árabes de Santa María,** hoy vivienda.

Muy cerca se encuentra otro de los encantadores rincones que atesora Córdoba, la **calleja del Pa-**

Maimónides

El pasado árabe de Córdoba, así como la herencia que este noble pueblo dejó en la ciudad, es incuestionable. Para corroborarlo ahí está la pléyade de sabios, de intelectuales y de artistas de diferente origen que llenaron tan señalada época. Maimónides fue uno de ellos, si bien su nacimiento tuvo lugar en la turbulenta época que siguió a la descomposición del Califato y ello le obligó a exilarse (murió en Alejandría). Era judío, pero muchas de sus obras las escribió en árabe; con un estilo conciso, claro y riguroso, concilia la filosofía aristotélica con el judaísmo.

Como médico, estuvo al servicio de Saladino; fue jefe de las comunidades judías de Egipto y se le conoce en la historia de la filosofía como el Santo Tomás de Aquino judío.

ñuelo, tan estrecha que solo cabe un pañuelo extendido. Usando como referencia la torre, os podéis encaminar en esa dirección para visitar el magnífico edificio de la Mezquita.

La Mezquita

La antigua mezquita aljama es hoy la **catedral de Santa María de la Asunción** (telf. 957 470 512; www.mezquita-catedraldecordoba. es; adquisición de la entrada en https://tickets.mezquita-catedral-decordoba.es/es o en las máquinas expendedoras del patio de los Naranjos. Horario: de lunes a sábado, de 10 h a 19 h; domingo y festivos de 8.30 h a 11.30 h y de 15 a 19 h; el horario puede variar dependiendo de la época del año. La entrada también es válida para el Museo Diocesano y las iglesias fernandinas).

El genio de los arquitectos musulmanes, fundiendo de manera magistral la arquitectura y la decoración, fue tal que, tras la Reconquista, el rey cristiano Fernando III reconoció el gran valor artístico del conjunto y ordenó que se respetara el edificio original, ya que, según sus palabras, solo un pueblo noble podría realizar semejante obra. Aún hoy, la Mezquita es el más majestuoso ejemplo del arte islámico que ha visto nunca Occidente. El edificio y su entorno fueron declarados Patrimonio Mundial en 1984.

Al llegar a un punto de la **calle Torrijos,** las tiendas de anticuarios y recuerdos y la creciente animación indican que uno se halla ante un monumento realmente singular.

Historia

La **Mezquita** es el lugar de oración de los musulmanes, en el que también se puede asistir a las predicaciones y lecturas del Corán. Recibía el título de aljama por ser la principal de la ciudad y en ella, todos los viernes al mediodía, se reunían los musulmanes para escuchar un sermón –*kutba*– que glosaba las normas de comportamiento social según las directrices coránicas.

La construcción de la Mezquita aljama de Córdoba fue iniciada por Abderramán I en el año 785 y, tras las sucesivas ampliaciones de los soberanos Abderramán II, Abderramán III (el patio de las abluciones y el alminar), Alhakén II y, posteriormente, Almanzor, ocupa en la actualidad una extensión de 23.400 m², en forma de rectángulo. Conserva 856 columnas –el tópico y conocidísimo bosque de columnas– de las 1.013 que tenía antes de los derribos que sufrió para que albergara en el interior diversos templos cristianos.

El patio de los Naranjos

Se accede por la **puerta de los Deanes,** situada frente a la portada del hospital de San Sebastián, una de las cinco puertas de acceso que existen en la calle Torrijos, algunas de las cuales –la puerta de Palacio, la de San Miguel y la de San Esteban– tienen una decoración califal muy reconstruida. Inmediatamente se entra en el **patio de los Naranjos,** llamado así desde que, tras la reconquista cristia-

na, se plantaron esas especies frutales en el recinto del patio de las abluciones, al que los musulmanes acudían, antes de introducirse en la sala de oración, con el fin de purificar, simbólicamente, sus cinco sentidos.

Hoy existen más de un centenar de naranjos en el patio, empedrado con guijarros menudos y recorrido por canalillos para el riego. Además de los naranjos, que en los atardeceres de primavera temprana perfuman el recinto con el olor de sus flores de azahar, hay en el patio nueve palmeras, dos cipreses y un olivo. Este último está junto al pilar de la **fuente** de Santa María o **del Caño del Olivo,** barroca, construida durante la segunda mitad del siglo XVII. La fuente es bastante grande y consta de un gran pilón de piedra grisácea, rematado en las cuatro esquinas por solidos pilares, uno de los cuales, el más cercano al oli-

vo, ha originado una leyenda popular, conservada en numerosas coplas. Según la leyenda, las solteras que deseaban casarse prontamente debían acudir a beber de ese caño para ver sus ilusiones realizadas.

Además de esta fuente hay otra, más pequeña pero también barroca, construida en el año 1752, llamada **fuente del Cinamono**, pues en otro tiempo había plantado en su cercanía un árbol de dicha especie. Las fuentes del patio de los Naranjos están acompañadas por tres surtidores de estilo mudéjar y un aljibe del siglo x, conocido como **aljibe de Almanzor**. El patio está presidido por la torre catedralicia —se volverá sobre ello después de visitar el templo—, y circundado por tres galerías, destinadas a lugar de oración para las mujeres, reformadas en el siglo xvi.

El interior

El acceso al templo propiamente dicho se hace en la actualidad por una entrada habilitada justo a la derecha de la puerta de los Deanes. A la izquierda de esta entrada, hasta la **puerta de las Palmas** —nombre que recuerda la liturgia del Domingo de Ramos— o **arco de las Bendiciones** —debido a que allí se bendecían las banderas de los ejércitos que iba a conquistar Granada—, actualmente

cerrada, se observan cuatro grandes arcos sellados por cuatro monumentales celosías de cedro, de época moderna, que aíslan el patio del templo y dan idea de la luz que entraba en la Mezquita antes de que se cerrara su perímetro con la construcción de treinta y tres capillas cristianas, casi todas del siglo xviii, que fueron adosadas a sus muros.

Delante de las celosías, en la parte interior del edificio, hay un pilar o **ara visigoda** rematada por una pila de abluciones. La pieza visigoda proviene del templo de San Vicente, ubicado en este mismo lugar, en el que, según algunos testimonios, no corroborados arqueológicamente, existió un templo romano dedicado a Jano o al Sol.

Dicha iglesia, que tenía categoría de basílica, fue adquirida a los visigodos, tras unas primeras décadas de utilización conjunta, por el emir Abderramán I, que emprendió así la construcción de la Mezquita aljama, utilizando elementos arquitectónicos del edificio cristiano. La *quibla* —pared en la que se sitúa el *mihrab*— no respeta la prescripción coránica de estar orientada hacia La Meca. Esta extraña circunstancia ha sido explicada como un error de cálculo —versión que parece poco probable— o como la rebeldía de un príncipe Omeya sumamente independiente. Tal vez lo más acer-

tado sea pensar que la desviación estuvo determinada por el aprovechamiento del perímetro que ocupaba la basílica visigoda.

Si desde el acceso se cuentan cinco capillas a la derecha y se prolonga la pared del coro catedralicio que está frente a dichas capillas, es posible hacerse una idea de la superficie que ocupaba la primera mezquita construida por Abderramán I. En esta parte, la Mezquita conserva todas las **columnas** originales, que son un auténtico museo de fustes y capiteles de las más variadas procedencias —algunos llegaron incluso de Constantinopla—, materiales, grosor, alturas y relieves. Lo que sí presenta una morfología repetida son los **arcos dobles** que parecen inspirados en los de los acueductos romanos; los superiores son de medio punto y los inferiores de herradura. En resumen, se está ante arcos de procedencia visigoda, construidos con

materiales de inspiración romana: adrillos rojizos y amarillenta piedra calcárea, que producen un peculiar efecto bicromático.

El suelo de mármol, con diferentes planos para salvar la altura desigual de las columnas, se colocó en el siglo XIX. En la época musulmana debió de ser de tierra apisonada recubierta con alfombras. La decoración de la **techumbre** es semejante al artesonado de la nave central.

Patio de los Naranjos

La catedral cristiana

Si se avanza por dicha nave hasta detenerse ante el muro del trascoro, se llega hasta la ampliación ordenada por Abderramán II. Es la parte más destruida del templo islámico, pues en ella se construyó la actual catedral cristiana, cuya visita se puede iniciar en este momento. Comenzó a edificarse en 1523 y finalizaron las obras en el año 1617. Intervinieron como arquitectos los dos Hernán Ruiz (el Viejo y el Mozo), Juan de Ochoa (para quien se ha reivindicado la paternidad del proyecto) y el vallisoletano Diego de Praves.

Sin pretender entrar en la polémica sobre las razones o conveniencia de la destrucción de una parte del legado árabe para levantar un templo cristiano, lo cierto es que el día 4 de mayo del año 1523 el corregidor don Luis de la Cerda promulgó un bando en el que amenazaba con la pena de muerte a quien demoliera una sola columna de la Mezquita.

La catedral en cuestión es un templo con notables aciertos y algunas singularidades destacables, a la cabeza de las cuales hay que situar la espléndida **sillería del coro,** obra maestra, en caoba de Indias, del escultor Pedro Duque Cornejo. Los motivos ornamentales desarrollados en las dos filas de asientos son de una variedad indescriptible: en ellos se alternan los motivos bíblicos, las escenas de la vida de la Virgen María y las figuras de los mártires cordobeses, entre una profusión de guirnaldas y parafernalia barroca. También son singulares los dos **púlpitos** tallados por Michel de Verdiguier, completados con el simbolismo en mármol de los cuatro evangelistas, y la enorme **lámpara** de doscientos kilogramos que pende de la bóveda del presbiterio, ejecutada en

Un San Rafael en cada esquina

Como mascarones de proa del gran navío que es Córdoba, la imagen del arcángel San Rafael aparece y se repite una vez tras otra por toda la ciudad.

Puede verse alzada sobre rectilíneos monolitos en el centro de las plazas y de los jardines; sobre las viejas fuentes, en las cimas de los campanarios, en los frontones de las iglesias y en las fachadas de las casas.

Desde las alturas, San Rafael vigila y guarda la ciudad con su bastón de peregrino en una mano y el pez con el que auxilió a Tobías en la otra. Nadie sabe qué íntima inclinación lo empujó a interesarse especialmente por Córdoba, ni cuándo ni por qué surge la devoción de los cordobeses por el arcángel.

Al margen de diferencias sociales, de pertenencias políticas y hasta de creencias, ser cordobés es, de una forma o de otra, mantener un pacto personal y entrañable con el ángel peregrino y protector. Es su regidor perpetuo.

La festividad de San Rafael (24 de octubre) es en Córdoba la fiesta de las fiestas. Los cordobeses acostumbran a salir al campo, a los bellos parajes de la sierra que circunda la ciudad por el norte, y allí pasan el día entre bailes y coplas, mientras que en los rústicos fogones confeccionados con un par de piedras se cocina el típico perol de arroz con carne.

No hay una sola familia cordobesa en la que no exista un Rafael, y llamarse Rafael en esta tierra es llevar enarbolada mejor que nadie la bandera de Córdoba.

el año 1629 por el platero Martín Sánchez de la Cruz.

El **retablo** es de estilo renacentista. Lo realizó con mármoles de Carcabuey el jesuita Alonso Matías y en él pueden verse cuatro cuadros, con motivos religiosos, debidos al pincel de Antonio Palomino, y un templete con la imagen de la Virgen de Villaviciosa. Los **órganos** que aparecen sobre el coro son de procedencia italiana.

Regresando a la anterior posición en el trascoro, se puede proseguir la andadura por la nave central y se llega ante unos arcos polilobulados de gran riqueza. Es la **capilla de Villaviciosa,** que hizo las veces de presbiterio o altar mayor de una primera catedral mandada construir por el obispo Íñigo Manrique en 1489 y cuya nave se extiende hasta el muro de poniente de la Mezquita. Esta catedral es actualmente una nave abierta de estilo gótico que ocupa, en anchura, cuatro tramos de la construcción musulmana, con arcos fajones apuntados y cubierta a dos aguas de madera con casetones. La capi-

lla de Villaviciosa es puramente islámica. Los cristianos se limitaron a cerrar el espacio y a adornarlo con altares y pinturas italogóticas, hoy desaparecidas. Conviene fijarse en la maravillosa **bóveda,** construida a base de arcos diagonales cruzados, con gallones centrales y apoyo en una cornisa sostenida por arcos polilobulados y de herradura sobre columnas. En el muro que la separa de la capilla real, también llamada de Trastámara, estuvo la Virgen de Villaviciosa, actualmente instalada en el altar mayor de la catedral.

La **capilla real** se construyó en 1258 y fue decorada con yesería mudéjar que recuerda al arte granadino nazarí. Ordenó su realización Alfonso X, para que le sirviera de sepultura. Al no poder cumplirse tal propósito, se usó como sacristía de la primitiva catedral y como lugar de enterramiento de su hijo Alfonso XI y de su nieto Fernando IV. Ambos permanecieron sepultados en ella hasta que, en el primer tercio del siglo XVIII, se trasladaron sus restos a la colegiata de San Hipólito, donde permanecen actualmente. La zona comprendida entre esta catedral y el *mihrab,* en el muro sur, corresponde a la ampliación efectuada por Alhakén II, en el momento más esplendoroso del Califato.

El resto del edificio árabe

Al frente, en el muro de la *quibla,* cerramiento sur de la Mezquita, se encuentra el **mihrab,** nicho reducido de forma octogonal, con zócalos de mármol de profusa ornamentación vegetal que reproduce símbolos y alegorías de la prosperidad y el árbol de la vida, según la tradición sasánida. En el techo hay una bella venera en yeso.

En el muro de la entrada puede admirarse un **mosaico** de características singulares, regalo que hizo

Sala de columnas de la Mezquita.

El bello arco de la antesala del mihrab.

ferior fue restaurada minuciosamente a principios del siglo XIX. La **cúpula** de la antesala del mihrab también está revestida de mosaicos bizantinos. Los mosaicos de las puertas existentes a derecha e izquierda del mihrab muestran una policromía más atenuada y son reproducciones de los mosaicos originarios.

Siguiendo el muro de la *quibla,* por la izquierda, se llega a la más monumental y amplia de todas las capillas cristianas del edificio, concebida en sus orígenes como sacristía de la nueva catedral. Fue construida en el año 1703 por el cardenal obispo de Córdoba, el mercedario fray Pedro de Salazar que, además, dio su nombre al recinto. También se la conoce como **capilla de Santa Teresa,** pues está presidida por una imagen de la santa abulense debida a la gubia del granadino José de Mora.

En el centro de esta capilla, sobre un templete neobarroco moderno, labrado en 1991 por Miguel Arjona Navarro, se encuentra una asombrosa **custodia** de plata cincelada y dorada, obra gótica del alemán Enrique de Arfe, quien la talló entre 1514 y 1518. Es de estilo gótico flamígero, con algunos adornos barrocos que se le añadieron en el siglo XVIII, tiene forma de torre y dos metros de altura. Es la custodia que cada año

el emperador de Constantinopla, Nicéforo Focas, a Alhakén II. Está realizado con polvo de vidrio y entre sus tonalidades predominan las doradas y azules; utilizando la técnica de tapiz, reproduce un mundo vegetal en el que aparecen cenefas con versículos del Corán. Para encontrar algo semejante hemos de trasladarnos al templo de Santa Sofía en Estambul. Su parte inen el día del Corpus recorre en procesión las calles de la ciudad. Frente a ella, a la derecha del acceso a la capilla, está emplazada la sepultura del cardenal Salazar, presidida por su estatua orante. En los muros se pueden ver tres cuadros del pintor Antonio Acisclo Palomino que representan otros tres momentos importantes de la ciudad: el martirio de los santos patronos Acisclo y Victoria, la rendición ante San Fernando y la aparición de San Rafael al venerable Padre Roelas.

Por una puerta lateral se llega a las dependencias que guardan el **tesoro** catedralicio, en el que destacan, por encima de cálices, acetres, relicarios de plata cincelada y copones, un crucifijo realizado en marfil y atribuido a Alonso Cano, y dos imágenes en plata —San Rafael y la Virgen de la Candelaria— debidas al gran orfebre cordobés del siglo XVIII Damián de Castro.

La última ampliación de la Mezquita fue realizada por el ministro Almanzor, quien, ante la imposibilidad de ampliarla hacia el sur, por impedírselo el río, y hacia el oeste, por imposibilitarlo el palacio califal, lo hizo hacia levante, añadiéndole ocho naves que representan más de la mitad de la superficie total del templo. Por este motivo el mihrab no se encuentra en el centro del muro de la *quibla,* co-

La espectacular cúpula de la antesala del mihrab.

mo es habitual en las mezquitas. Se puede decir que esta es la parte más sobria de todo el recinto, y sus columnas, todas iguales, fueron labradas en Córdoba.

Cuando Fernando III tomó la ciudad, en 1236, no modificó la Mezquita, y el obispo de Osma, que hacía las funciones del arzobispo de Toledo, se limitó a consagrar el templo reconquistado a Santa María la Mayor y a colocar, sobre el alminar de Abderramán III, una cruz cristiana. El papa Gregorio IX celebró vivamente este hecho. Sería en tiempos de Alfonso X (1254) cuando, en la parte de la Mezquita que fue ampliada por Almanzor, se construyó la capilla de San Clemente, el primer templo cristiano edificado dentro del recinto musulmán, del que solo se conserva una portada.

Para finalizar la visita de la Mezquita, sería preciso detenerse en la **capilla del Sagrario,** situada en el ángulo que forman el muro sur y el muro de levante, en donde pueden admirarse las pinturas al fresco que realizó el artista italiano César de Arbasia.

Alrededores de la Mezquita

Tras visitar el interior de la Mezquita se vuelve a salir al patio de los Naranjos, que se atraviesa, camino de la torre catedralicia. Esta **torre campanario** fue edificada recubriendo el alminar mandado construir en el año 957 por Abderramán III, que sustituía a otro de Hixem I, del que se conserva el trazado de la planta. En 1593 empezaron las obras de la torre cristiana, costeadas por el cabildo y encargadas a Hernán Ruiz, el Mozo. Pero en el siglo XVII, para dotar de mayor solidez a la torre, se decidió forrar con piedra el alminar y añadir dos nuevos cuerpos. El último de ellos está rematado por una cúpula que luce una imagen de San Rafael en la cimera, colocada en el año 1664.

Ascendiendo la escalinata se llega a la **puerta del Perdón,** llamada así porque en este lugar, y en

A la izquierda, torre campanario de la Mezquita-catedral.
A la derecha, puerta del Perdón.

días señalados, se le perdonaban los pecados a los penitentes públicos; tiene un zaguán en el que alternan diversos estilos arquitectónicos y pinturas al fresco (que están ya muy deterioradas), de Antonio del Castillo, pintor que vivió en el siglo XVII.

La puerta del Perdón sale a la calle Cardenal Herrero. Se dobla a la izquierda hasta el final del muro, en que comienza la calle Torrijos. Al final de esta y girando a la derecha por Amador de los Ríos, se encuentra el **Palacio Episcopal**, levantado sobre el alcázar visigodo y, probablemente, sobre el palacio de los califas. Es una sólida edificación del siglo XVII, en la que destaca su **patio**, circundado por una galería cubierta; en el centro hay una fuente con una pila octogonal, rodeada de naranjos y limoneros. El edificio aloja el **Museo Diocesano**

(visita gratuita con la entrada de la Mezquita catedral).

Enfrente de la puerta de los Deanes de la Mezquita se alza la bella fachada del **hospital de San Sebastián**, del siglo XVI, un magnífico ejemplo del gótico florido. El edificio ha tenido distintos usos a lo largo de su historia. En la actualidad se dedica a **Palacio de Congresos** (https://palaciodecongresosdecordoba.es).

La Córdoba asomada al Guadalquivir

El Alcázar y su entorno

Llegamos así a la Córdoba bañada por el río Guadalquivir, y empezamos por el **Campo Santo de los Mártires.** Se trata de una zona con bellos **jardines,** que albergan una colección de esculturas. La disposición de estanques y vegetación, y el rumor constante del

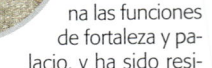

agua de las fuentes crea un espacio natural exquisito inundado de sosiego, un rincón especial para los visitantes.

También aquí, se pueden recorrer los **baños del Alcázar califal**, y, de espaldas al río, el **Alcázar de los Reyes Cristianos** (https://alcazardelosreyescristianos.cordoba.es/?id=3. Horario de verano: de martes a domingo de 8.15 h a 14.45 h. Horario de invierno: de martes a viernes de 8.15 h a 20 h, sábado de 9.30 h a 18 h, domingo y festivos de 8.15 h a 14.45 h), que aú-

na las funciones de fortaleza y palacio, y ha sido residencia de reyes y gobernantes desde tiempos romanos. La **torre de los Leones** es el elemento más primitivo del edificio y alberga en la planta superior la estancia más interesante de la fortificación, desde donde se contempla una espléndida panorámica del conjunto y los alrededores. En una de las galerías se conserva un bello **sarcófago** romano del siglo III. Las ampliaciones más relevantes pertenecen a la dinastía de los Trastámara y durante el reinado de los Reyes Católicos (los monarcas se reunieron aquí con Cristóbal Colón antes del viaje del Descubrimiento). Fue sede del Santo Oficio, periodo en el que se añadió la torre de la Inquisición. En esta fortaleza se guardan algunos **mosaicos** romanos magníficos: *Medusa, Polifemo y Galatea...* En el siglo XIX se habilitó como cárcel y en 1955 se realizó una importante restauración.

Arriba, mosaicos. Abajo, baños del Alcázar califal. Derecha, torre de los Leones, en el Alcázar.

San Basilio y los patios

Junto al Alcázar se encuentran las **Caballerizas Reales,** mandadas construir por Felipe II en 1570 y, enseguida, tras el arco de la **torre de Belén,** perteneciente a la antigua muralla, se extiende el **barrio de San Basilio,** conocido entre los cordobeses como del Alcázar Viejo. Es este un barrio de mucha solera, en el que abundan los clásicos **patios** cordobeses de carácter po-

pular. Merece la pena callejear por él y detenerse ante la puerta de un buen número de sus casas para contemplar los patios, entre las cuales, en el número 44 de la calle san Basilio, tiene su sede, precisamente, la Asociación de Amigos de los Patios. Durante el mes de mayo, con la primavera, aparecen decorados con jazmines, madreselvas, geranios, claveles, rosas y otras composiciones florales que

Tres bellos patios cordobeses antiguos.

Patios engalanados para el Festival de los Patios cordobeses, en mayo, declarado Patrimonio Cultural Inmaterial de la Humanidad por la Unesco.

se mezclan con los elementos arquitectónicos característicos (pozos, arcos, rejas, ventanas...). Todo está realizado por los mismos vecinos. Estos patios se convierten, por su vistosidad, en un reclamo turístico único en Andalucía.

Hacia el puente romano

Si encaminamos los pasos hacia el puente romano, veremos la **puerta del Puente,** diseñada por el arquitecto Juan Herrera. Esta puerta, que es la más airosa de la ciudad, fue construida en el año 1571. Tras su restauración, ha recuperado su antigua y magnífica estampa, junto con la cota de la calle, volviendo a estar a la misma altura del puente romano, como en sus orígenes.

A la izquierda, se encuentra el moderno **Centro de Recepción de Visitantes.** A la derecha se alza el **triunfo de San Rafael,** el más notable de la ciudad. En todos figura la estatua de San Rafael encaramado sobre el capitel de una columna votiva. Estas variadas y originales representaciones, que son conocidas con el nombre de "triunfos", son conmemorativas de la promesa de salvaguardia

ciudadana que los cordobeses, haciéndose eco de una piadosa tradición, atribuyen al benéfico arcángel.

Y llegamos al **puente romano.** Los cordobeses lo llaman también *Viejo,* incluso desde la época en que era el único que existía en la ciudad. Se trata de una sólida construcción de 16 arcos que formaba parte de la Vía Augusta. En la mitad del puente se encuentra, colocada sobre el pretil, una imagen del arcángel San Rafael labrada en piedra por el escultor Bernabé Gómez del Río en el año 1651. Tras una profunda reforma, recuperó todo su esplendor y, lo mejor, se convirtió en peatonal, lo que convierte sus 230 metros de longitud en un maravilloso paseo sobre las aguas del Guadalquivir.

La torre de la Calahorra

En la orilla opuesta se alza la **torre de la Calahorra** (telf. 957 293 929; www.torrecalahorra.es; visita: en octubre, marzo, abril y mayo, de 10 h a 19 h; de noviembre a febrero, de 10 h a 18 h; de junio a septiembre, de 10 h a 14 h y de 16.30 h a 20.30 h), construcción defensiva que fue llave de entrada a la ciudad. Es

Puerta del Puente. A la izquierda, el triunfo de San Rafael.

de origen árabe y su nombre significa "castillo libre". En sus orígenes, el conjunto actual estaba formado por dos torres separadas por un arco, pero en el siglo XIV fueron unidas por dos cuerpos semicirculares, adquiriendo entonces el aspecto macizo que ofrece en la actualidad. A partir del siglo XII, la Calahorra tuvo un alcaide, y desde el XVIII sirvió de acuartelamiento. En la actualidad sirve de sede al **Museo Vivo de al-Ándalus**, sobre la convivencia de las culturas judía, cristiana y musulmana.

Por el río hasta el Arenal

Desde este punto, el panorama que se ofrece a ojos del visitante es espectacular. A lo lejos, contra la planicie del cielo, de un azul muy vivo la mayor parte del año, se recortan los montes de Sierra Morena, que circundan la ciudad por el norte. Más cerca se alza el perfil urbano, con la Mezquita ocupando la mayor parte del escenario. Debajo mismo, el Guadalquivir, con sus aguas verdosas, que se aceleran y se llenan de espuma al pasar bajo los ojos del puente.

De tapas por el centro

Si el vino de Córdoba goza de justa fama, las muestras culinarias que pueden acompañarlo no le van a la zaga. Bares y tabernas se reparten por toda la ciudad, de modo que no resulta imposible, sino todo lo contrario, organizar un almuerzo o una cena en condiciones pasando de uno a otro escogiendo entre las ofertas que aparecen en sus bien surtidas cartas.

Zona centro

Al lado de las Tendillas se localiza **San Miguel,** en la plaza del mismo nombre, conocida como *El Pisto.* Ambiente taurino, buenas tapas y mejor vino. **La Montillana,** en San Álvaro, es una de las tabernas tradicionales de Córdoba, ahora enteramente renovada.
Un buen vino, el *amargoso,* sirven en **El Gallo,** en María Cristina, una de las tabernas clásicas de Córdoba, que no ha cambiado de aspecto. **Salinas** está en la calle Tundidores. Es una taberna antigua, aunque reformada, con una carta amplia y, en cierto modo,

innovadora. A su espalda está la **La Cazuela de la Espartería,** en Rodríguez Marín, con una carta tradicional, variedad de vinos y un sabroso patio.
Ya en el arco alto de la Corredera, **El Sótano** es un lugar atractivo tanto por su situación como por sus tapas. En la plaza de la Corredera hay varios bares de tradición, aunque completamente actualizados, todos tienen amplísimas terrazas para disfrutar del buen tiempo, entre ellos **La Paloma,** el más antiguo, **El Patri** y **Casa Mari Paz.** Gran categoría tiene la **Taberna Góngora,** en Conde de Torres Cabrera. En Alhakén II, **La Bodega** tiene muy buenas anchoas y venado en salsa. En Llanos del Pretorio **La Sal,** con una amplia terraza, tiene buen marisco. En la plaza de San Ignacio de Loyola, **A Porta Gayola** es una taberna moderna en la que sirven tapita gratis con la consumición, y **Los Lobos,** un mesón clásico con buenas carnes; ambos tienen estupendas terrazas. En la plaza de la Tendillas, el **Gran Bar** ha recuperado el prestigio

de antaño. Un clásico de los bocadillos es **Bocadi,** en Conde de Cárdenas. En Capitulares, donde está el Ayuntamiento, **Capitoné** tiene puntas de solomillo. Al lado, pero ya en Diario de Córdoba, está **Rafalete,** cuyos pinchitos tienen fama más allá de la ciudad.

Alrededores de la Mezquita

En esta zona se concentran igualmente un gran número de bares y de buenas tabernas. En la Puerta de Almodóvar hay dos excelentes, **Casa Bravo** y **Casa Pepe Salinas** (no confundir con la de la calle Tundidores) en la que en ocasiones se producen tertulias espontáneas de flamenco, con cante incluido.

Clásica también es **Guzmán**, en la calle Judíos, con sus enormes botas de vino.

En Deanes se localizan varios sitios famosos: **Taberna Rafaé,** con sus contundentes raciones; la **Taberna Deanes,** cuyo patio resulta ideal para la tertulia. En Velázquez Bosco se suceden **El Capricho,** con sus papas cortijeras, y el **Patio Andaluz,** con un buen pisto. En Manrique, **La Chiquita de Quini** ofrece una carta tradicional muy bien hecha. En Cardenal Herrero, **Casa El Pimpo** tiene un patio muy agradable, tanto como su carta, y la **Taberna Ordóñez** un buen rabo de toro. En la preciosa plaza de Abades, **El Barón** tiene una bonita terraza y buenos vinos.

Sotos de la Albolafia.
Molino y puente romano

Conviene echar una ojeada lo más detenidamente posible sobre el río. Entre el puente romano, en cuyo extremo se alza la torre de la Calahorra, y el de San Rafael, que se levanta aguas abajo, se abren los denominados **Sotos de la Albolafia,** conjunto de boscosas isletas que emergen del agua. En estas islas encuentra refugio un gran número de aves, la mayoría acuáticas y muchas de ellas en peligro de extinción, que han ido llegando durante los últimos años empujadas por la desecación de humedales más o menos próximos. Patos comunes, fochas, malvasías, garzas, cormoranes, etcétera, anidan en las espesas arboledas o entre los carrizos de las orillas, convirtiendo el lugar en una reserva natural de primer orden, prácticamente en el centro de la ciudad y en medio del habitual fragor y del trasiego urbano.

Entre estos sotos se levantan algunos de los antiguos **molinos** de agua con los que contaba la ciudad, algunos restaurados. Frente al Alcázar de los Reyes Cristianos aparece el **molino de la Albolafia,** cuya silueta, con su impresionante **noria,** forma parte del sello de Córdoba desde el siglo XIV.

A la derecha del puente romano se contempla la esbelta silueta del **puente de Miraflores,** el más moderno. Cerca del parque de Miraflores se inauguró en 2016 el moderno edificio que alberga el **Centro de Creación Contemporánea de Andalucía C3A** (Carmen Olmedo Checa, s/n; www.c3a.es; visita gratuita: de martes a sábado de 11 h a 20 h, domingo y festivos de 11 h a 15), dedicado a la producción, creación y experimentación artística.

Toda la margen izquierda, aguas arribas, hasta el **puente del Arenal,** ha sido convertida en un jardín aterrazado, cuyos caminos llegan hasta el mismo río. En la parte más alta de este jardín, de reciente urbanización, se ven algunos cuadros sin ajardinar. En ellos se encuentran los restos de una barriada musulmana, en los que se observa el arranque de los muros de las viviendas, hechos con cantos rodados del río.

Junto al puente del Arenal se instala la **Feria** de mayo. Cada año se construye una portada distinta, con motivos cordobeses y de gran espectacularidad. Resulta muy llamativo contemplarla de noche, iluminada por miles de bombillas.

La Córdoba de la Edad Moderna

El Museo Arqueológico

De nuevo al otro lado del río, hay que visitar la bella y silenciosa **plaza de Jerónimo Páez**, habitualmente solitaria y acogedora, así llamada por el palacio que la preside. En un edificio renacentista, de sólida belleza, se encuentra instalado desde el año 1965 el **Museo Arqueológico** (telf. 957 355 517; www.museosdeandalucia.es/web/museoarqueologicodecordoba; visita gratuita. Del 16 de junio al 15 de septiembre, de martes a domingo y festivos, de 9 h a 15 h; resto del año, de martes a sábado de 9 h a 21 h, domingo y festivos de 9 h a 15; lunes cerrado), cuyos patios son un remanso de luz y de paz. Este museo de arqueología merece una atenta visita tanto por la calidad de las piezas que alberga como por el esmero en su clasificación y el logrado entorno en el que se muestran. El inmueble dispone de ricos artesonados, bellos patios, escaleras suntuosas y una sobresaliente portada, realizada, según la diseñó Hernán Ruiz el Viejo, por los escultores Francisco Jato y Francisco de Linares. Por desgracia, los artistas utilizaron una piedra caliza de escasa calidad, por lo que no ha resistido bien el paso del tiempo.

El museo propiamente dicho es un auténtico archivo de la arqueología provincial, desde la Prehistoria hasta el Medievo. Vasos, fíbulas, leones ibéricos, sarcófagos y mosaicos romanos, estatuas, ataúdes, pilas y capiteles califales, vidrio, orfebrería, una estatua del dios Mitra, una colección única de brocales decorados musulmanes y mudéjares, atauriques, el cervatillo de bronce de Medina Azahara –del que cabe destacar su impecable decoración damasquinada– e innumerables piezas, en perfecto orden, hacen de la visita al Museo Arqueológico una cita imprescindible en Córdoba. En 2011 se inauguró una ampliación del museo, con la incorporación de una nueva edificación adyacente de gran amplitud y sumamente moderna.

Cervatillo de bronce de Medina Azahara, en el Museo Arqueológico.

Desde la plaza de Jerónimo Páez, un corto paseo nos conduce a la calle Rey Heredia, donde una casa patio del siglo xvIII alberga el **Centro de Arte Pepe Espaliú**, que expone, entre otras obras, una exposición permanente de este artista cordobés (1955-1993).

Desde el arco del Portillo hasta la plaza del Potro

Descendiendo por la calle Romero de Torres, y después de pasar bajo el **arco del Portillo**, que

fue abierto en la muralla interior de la ciudad que dividía la Ajerquía y la Medina —barrios bajos y barrios altos—, se encuentra la calle San Fernando, antiguamente de la Feria, que era el centro comercial de la ciudad durante el siglo xIX. Hacia la mitad de la calle hay una fuente adosada que data del siglo xvIII.

Muy cerca, se puede visitar el centro de interpretación de la **Casa del Agua** (Portillo, 6; telf. 647 535 635; http://casadelaguaportillo.es).

La plaza de Séneca

Al final de la calle Ambrosio de Morales, donde se sitúa la Real Academia y la sede de la famosa agrupación músico-coral Centro Filarmónico, se abre la plaza de Séneca. Más que una plaza es un ensanchamiento de la calle, que vuelve a estrecharse otra vez para entrar en la de San Eulogio, que desemboca en el Portillo y en la calle de la Feria.

El nombre de esta plaza data de 1852, año en el que se lo puso el Ayuntamiento admitiendo la creencia popular de que por esta zona vivió en su tiempo el célebre filósofo romano y cordobés. Y, en efecto, en el centro, coronando un estanque de aguas claras que parecen suspirar por los tiempos perdidos, hay una estatua romana decapitada que bien pudiera ser imagen de Séneca.

En un lateral, frente a un edificio moderno, pero que ha sabido conservar las notas tradicionales de la arquitectura autóctona, hay una casa-palacio perteneciente a una antigua familia cordobesa. La calle sube en ligera pendiente, y detenerse un instante en esta placita supone reencontrarse con esa serenidad tan maltratada por el vértigo de la vida moderna.

Fuente del Potro

Se atraviesa la calle San Fernando y flanqueando un nuevo arco se halla el compás de **San Francisco**, plazuela que sirve de pórtico a la **iglesia** del mismo nombre.

A la derecha puede contemplarse un pequeño jardín y una fuente con azulejos que reproducen —este es el barrio de los plateros— *La Virgen de los Plateros,* óleo de Valdés Leal (en el convento del Carmen de Puerta Nueva se encuentra un excelente retablo de este pintor).

A continuación se regresa a la calle de la Feria, donde se toma la calle de San Francisco, la primera a la izquierda, bajando hacia el río, para visitar la casa que tiene el número 6. Es una típica **taberna** cordobesa fundada en 1872, la decana de las que regenta la **Sociedad de Plateros.** Su primitiva función fue socorrer, con sus beneficios, a los plateros pobres o con mala fortuna. El patio, con cubierta acristalada y macetas de aspidistras, está rodeado por un bello claustro en el que se distribuyen veladores de hierro fundido y tapas de mármol: el mobiliario clásico de las tabernas de Córdoba. Las excelentes soleras montillanas que se sirven, así como las exquisitas tapas, merecen una breve parada.

Una vez dejada la taberna por la puerta que da a la calle Romero Barros, inmediatamente se está en el lugar más cervantino de la ciudad: la **plaza del Potro.** En el centro del espacio rectangular hay una **fuente** de gran fama que, desde 1577, da nombre a la plaza. En esa fecha fue construida cuando era corregidor García Suárez de Carvajal. Parece ser, aunque no está del todo demostrado, que la enorme popularidad de esta fuente consiguió que una antigua posada existente en la plaza cambiara de nombre y se llamara desde entonces **posada del Po-**

El suelo enchinado

Muchos suelos de calles, plazas y patios cordobeses están enchinados. Esta técnica consiste en la formación del pavimento a base de guijos o chinos con los que se crean cenefas y dibujos, algunos realmente complejos. Los guijos son pequeños cantos rodados que suelen formar las aguas de los ríos, y deben ser de igual o muy parecido tamaño y de, al menos, dos colores: blancos y negros. El de enchinador es un oficio serio, laborioso y paciente, el oficio de un artesano. El trabajo comienza dibujando el diseño en un papel, y con la preparación del suelo, que debe cubrirse con una capa bien nivelada de un mortero a base de cemento y arena. El dibujo se traslada entonces, a escala, a este mortero.

A continuación se van colocando uno a uno los chinos, primero de un color, que suele ser el negro, para marcar los perfiles, y luego del otro. Después hay que compactar y nivelar, y, al final, regarlo todo con una mezcla líquida de cemento y arena.

La visita

tro. Esta posada ya estaba abierta en 1435 y aparece mencionada en el *Quijote*. Durante los siglos XVI y XVII fue punto de encuentro de la truhanería andaluza. En la actualidad es la sede del **Centro Flamenco Fosforito**.

Al fondo de la plaza enlosada, en la perspectiva que se abre al río, se alza un nuevo triunfo, con San Rafael en lo alto de la columna. Cercano al lugar, en las primeras casas de la calle Lineros, existe un restaurante, decorado con minuciosidad, que merece la pena visitar: Bodegas Campos. Pero, sobre todo, hay que detenerse en los dos museos instalados en la plaza del Potro: el de Bellas Artes y el del pintor Julio Romero de Torres.

El Museo de Bellas Artes

Al **Museo de Bellas Artes** (telf. 957 015 858; www.museosdeandalucia.es/web/museodebellasartesdecordoba. Visita gratuita: del 16 de junio al 15 de septiembre, de martes a domingo y festivos de 9 h a 15 h; del 16 de septiembre al 15 de junio, de martes a sábado de 9 h a 21 h; domingo y festivos de 9 h a 15; lunes cerrado, excepto víspera de festivo, que abre con horario de festivo) se llega traspasando un pequeño patio ajardinado que comparte con el Museo Julio Romero de Torres. Está instalado en la antigua sede del hospital de la Ca-

ridad, del que conserva su pórtico renacentista, construido en 1509.

El museo cuenta con fondos interesantes, entre los que destacan pinturas tardomedievales; un importante conjunto de pintores barrocos cordobeses y andaluces (como Valdés Leal, Zurbarán, y las obras de Antonio del Castillo); los cuadros de Chicharro, Regoyos, Rusiñol, Zuloaga, Ricardo Baroja, y obras de artistas cordobeses contemporáneos, así como una notable colección de dibujos y esculturas, entre las que sobresalen las del cordobés Mateo Inurria.

El Museo Julio Romero de Torres

En la plaza del Potro se encuentra la casa natal del pintor Julio Romero de Torres, hoy convertida en museo. En esta casa vivió y tuvo su taller el propio pintor hasta que murió, de forma prematura, cuando se encontraba en la cumbre de su producción artística. El **Museo Julio Romero de Torres** (telf. 957 470 356; https://museojulioromero.cordoba.es; visita: del 16 de septiembre al 14 de junio, de martes a viernes de 8.15 h a 21 h; sábado de 9.30 h a 18 h; domingo de 8.15 h a 14.45 h; del 15 de junio al 15 de septiembre, de martes a domingo de 8.15 h a 14.45; lunes cerrado) conserva el ambiente de la época en la que lo habitó el pintor cordobés, y las habitaciones destinadas a su estudio se encuentran tal y como él las dejó. Fue inaugurado en 1931 y es el más visitado de Córdoba. El flujo de personas que acuden a él a diario es incesante; la mayoría llegan atraídas por una personalidad en la que algunos ven el emblema de una Andalucía atractiva y, en cierto modo, indefinible. Como vivía cerca de los barrios populares, Julio Romero (1874-1930) no tenía nada más que salir a pasear para hallarse con las cordobesas de grandes ojos, mirada melancólica y sensualidad contenida.

Romero de Torres fue un artista de gran personalidad y estilo propio. Como ningún otro, supo captar en sus lienzos la hondura de lo genuinamente andaluz, bajo la envoltura de lo que algunos han pretendido identificar con el tópico fácil. Formidable retratista, en su trabajo destacan las figuras femeninas y entre ellas las que reproducen el mundo de las gitanas de pelo tirante y ceñidas vestimentas, con las que alcanza un clima de inquietante misterio y sensualidad.

En su época fue pintor de éxito y popularidad que, por sus atrevimientos temáticos, protagonizó varios escándalos nacionales. En el año 1908 obtuvo una primera medalla con su cuadro *Musa gitana,* y en el año 1911 la de la Exposición Internacional de Barcelona, con *El retablo del amor.*

Museo Julio Romero de Torres.

La plaza de la Corredera

Concluida la visita a los tres museos, se toma la calle de Armas y, tras cruzar la plaza de las Cañas, se alcanza la **plaza de la Corredera.** Es esta una de las plazas más características de Córdoba. En su género es única en Andalucía. Se ha dicho, no sin rigor, que puede formar trilogía con las plazas mayores de Madrid y de Salamanca. Su construcción como plaza unitaria data de finales del siglo XVII y fue realizada por el corregidor don Francisco Ronquillo Briceño.

La obra se llevó a cabo con el fin de que la ciudad poseyese un lugar adecuado para celebrar conmemoraciones y espectáculos.

En su recinto, formado por una arquería de soportales apoyados en robustos pilares, se han organizado mascaradas, autos de fe de la Inquisición, con condena y muerte de los reos, juegos de cañas y, en suma, los más variados espectáculos, entre los que sobresalían las corridas de toros, que eran presididas desde el balcón de la Cárcel Nueva, edificio de estructura distin-

Plaza de la Corredera

ta, que luego sería fábrica de sombreros y hoy ubica un **mercado** y un centro cívico. Al lateral de levante va a dar todavía hoy la calleja llamada del Toril, que formó parte de los antiguos toriles de la plaza.

Con anterioridad a la edificación de la plaza, concretamente desde 1583, se levantaban en su lado meridional las **casas de doña Jacinta,** edificaciones que aún perviven rompiendo la armonía del lugar, pero legándonos un inigualable testimonio del pasado. Los forasteros que llegaban a la ciudad para presenciar los festejos o para traficar con sus productos en los comercios de la calle de Armas, plaza del Potro y alrededores, solían alojarse en las numerosas fondas que ocupaban la mayor parte del recinto.

En el siglo xix se construyó en el centro de la plaza un imponente edificio de hierro destinado a mercado que la desposeyó de sus funciones seculares, al tiempo que emborronaba por completo su fisonomía. El lugar se deterioró bastante. Las fondas y las tabernillas da-

ban cobijo a pícaros, borrachines y maleantes de diverso pelaje. Fue eje del estraperlo de la posguerra. Y en los soportales, rabizas de baja estofa establecían tratos carnales que a continuación iban a cumplir a las callejuelas de los alrededores. Esta situación perduró hasta el año 1959, fecha en que se desmontó el armatoste metálico y la plaza volvió a quedar diáfana.

En la actualidad, ha sido completamente restaurada por el Ayuntamiento, incluidas las casas de doña Jacinta, ahora de propiedad municipal, y el antiguo y noble edificio de la Cárcel Vieja; se la ha dotado de un nuevo pavimento; arcos y muros se han revestido de mortero, con los colores que tuvo en sus orígenes, y se ha convertido en un lugar de convivencia en el que frecuentemente se celebran espectáculos de teatro, musicales, mercadillos...

Hacia el Ayuntamiento y el templo romano

Se sale de la plaza por el **arco alto**, situado en el ángulo de poniente, y ascendiendo por la empinada calle de Rodríguez Marín, más conocida como Espartería, llegamos a la de Capitulares.

Enfrente está el **Ayuntamiento,** polémico edificio de nueva planta (1985) levantado sobre el solar de las anteriores casas consistoriales, que databan de 1575. En

el zaguán pueden contemplarse sillares de muros romanos y un grupo escultórico –Séneca y Nerón– obra de Eduardo Barrón.

Delante de la fachada que da a la calle Claudio Marcelo, popularmente conocida como calle Nueva –vía urbana de primeros del siglo XIX, con algunos edificios notables–, se alzan las imponentes columnas frontales de un **templo romano** de grandes proporciones. Se trata, según las investigaciones realizadas por el profesor García Bellido, de un templo hexástilo, destinado al culto del emperador. Se han conservado, además de dos capiteles y algunos tambores de los fustes, la planta y el ara; es de mayores dimensiones que el de Nimes y debió de consagrarse en la época de los emperadores Flavios.

Hacia el norte por la ruta de las iglesias fernandinas

A partir del edificio del Ayuntamiento, el itinerario conduce a varias iglesias fernandinas, al palacio de Viana y a la plaza de Capuchinos, lugar recogido e íntimo.

La Córdoba cristiana, la que Fernando III, llamado el Santo, llenó de iglesias con aspecto de fortalezas medievales, es la que sirve de pretexto esta vez para recorrer una parte de la ciudad.

De San Pedro a San Lorenzo

Partiendo de la plaza de la Corredera por el **arco bajo,** se pasa a las plazas del Socorro, de la Almagra y la calle del Poyo, hasta llegar a la **iglesia de San Pedro,** en la plaza del mismo nombre. El aspecto de fortaleza que ofrece la fachada principal pone de relieve que se trata de uno de los templos parroquiales que ordenó levantar Fernando III. El retablo mayor, obra de Félix Morales Negrete, es uno de los mejores de las iglesias de Córdoba.

De aquí parte la calle Agustín Moreno, con varios puntos de interés. El primero es el **convento de Santa Cruz,** con un bello claustro y un zócalo de azulejos sevillanos que recorre el perímetro de la iglesia. Hacia la mitad de la calle está la **iglesia de Santiago,** cuya construcción se inició en 1260. Y de aquí parte la calle de las Siete Revueltas, que zigzaguea en otros tantos recodos. Aquí está la **casa de las Campanas,** con su bonito patio, que es hoy la sede de la Asociación de Amigos de los Patios Cordobeses.

Templo romano y edificio del Ayuntamiento de Córdoba.

Si se dobla por la calle Alfonso XII a la derecha, aparece el antiguo **convento del Carmen,** que pertenece a los monjes carmelitas descalzos. El retablo de la iglesia conserva las pinturas que realizó Juan Valdés Leal en el siglo XVII.

Desde el Carmen, por Ronda de Andújar, se alcanza enseguida la plaza y la **iglesia de la Magdalena,** el primero y el mejor de los templos fernandinos levantados en la Axerquía. Se trata de un edificio exento, de influencia castellana, cuyas formas resaltan su equilibrio y su sencilla belleza. Junto a la plaza, la calle Arroyo de San Lorenzo conduce a la iglesia homónima. La fachada principal de esta **iglesia de San Lorenzo** impresiona por su belleza, pero no dejéis de visitar el interior. Después de permanecer siglos ocultas, unas tareas de limpieza revelaron las pinturas al fresco que estaban tras el retablo del ábside mayor, hoy se consideran las mejores de su género en Andalucía.

De San Rafael a los Dolores

Siguiendo por la calle María Auxiliadora desde la plaza de San Lorenzo, quedan vestigios de la **muralla** de la Axerquía, a lo largo de la Ronda del Marrubial.

Las placitas y callejuelas de esta zona —Frailes, Montero, Custodio, Pozanco...— son laberínticas y

De izquierda a derecha, iglesia de San Agustín, colegiata de San Hipólito, iglesia de San Nicolás, iglesia de San Lorenzo (fachada y detalle de los frescos del ábside) e iglesia de Santa Marina.

poseen un hondo sabor popular, con patios y rincones en los que, en mayo, se montan cruces preciosas. Y aquí precisamente se halla la **iglesia de San Rafael,** el custodio de la ciudad, cuya fachada luce dos torres idénticas. Hay que seguir callejeando para visitar, en la plaza de su nombre, la **iglesia de San Agustín,** templo barroco que tras su restauración ha recuperado las asombrosas y bellísimas pinturas que llenas sus bóvedas y muros.

Subiendo desde aquí por Reja de don Gome, al final, a la derecha, se alcanza la plaza Don Go-me, donde se localiza la fachada de un suntuoso palacio. Se trata del **palacio de Viana** (telf. 957 496 741; www.palaciodeviana. com. Visita: de septiembre a junio, de martes a sábado de 10 h a 19 h, domingos y festivos, de 10 h a 15 h; en julio y agosto, de martes a domingo de 9 h a 15 h; lunes cerrado), un ejemplo de casa solariega renacentista. Aunque hoy es propiedad de una entidad bancaria cordobesa, sus orígenes se remontan al siglo xv. Lo más llamativo de la edificación son sus doce **patios** —cada uno con su propio nombre–, por su profusa decoración floral, donde se celebran conciertos y actos culturales.

Saliendo por la calle Santa Isabel, se llega a la plaza del Conde Priego. Aquí se levanta, junto al muro del **convento de Santa Isabel,** el **monumento a Manolete,** el torero que tanta vinculación tuvo con este barrio, y enfrente, la **iglesia de Santa Marina,** la más robusta de todas las fernandinas.

Para visitar el **convento de San Cayetano** y la **torre de la Malmuerta** –parte de la muralla árabe, al borde de la plaza de Colón– hay que seguir por la calle Mayor de Santa Marina.

Muy cerca se encuentra uno de los rincones más emblemáticos de Córdoba: la **plaza de Capuchinos.** Para llegar, hay que salir de la plaza de Colón por la calle Conde de Torres Cabrera hacia la plaza de las Doblas. Esta plaza realmente parece un lugar apartado del mundo, recogida por el silencio y la blancura del entorno. La gran belleza que le otorga su simplicidad la convierte en sobrecogedora y serena a un tiempo.

El espacio lo preside la imagen del **Cristo de los Faroles,** muy querida por los cordobeses. Recalad al anochecer en la plaza de los Capuchinos, cuando el Cristo de los Faroles se ilumina y adquiere un aire entre sobrenatural y místico.

Uno de los laterales de la plaza lo ocupa el **convento de Capuchinos,** fundado en el siglo XVII, y el otro corresponde a la **iglesia de los Dolores,** en cuyo altar mayor se guarda una maravillosa imagen de la Virgen de los Dolores.

De la cuesta del Bailío a la plaza de las Tendillas

El muro del convento sale a otro de los rincones más evocadores de Córdoba: el que forman la **cuesta del Bailío** y la casa homónima. El pavimento, de escalones enchinados, conforma un lugar encantador, con la buganvilla fucsia que trepa por la tapia del convento, encalada y tremendamente luminosa.

Bajando la cuesta del Bailío y girando por Juan Rufo se llega a la **Fuenseca,** un bello rincón popular decorado con una fuente, donde en verano se proyectan películas, aún hoy. Hacia la derecha está el **convento de Santa Marta,** el más hermoso monasterio que sobrevive en Córdoba. Esta calleja desemboca en la calle de San Pablo, invadida por el tráfico rodado, y bajando a la izquierda se encuentra la **iglesia de San Andrés,** en la plaza del mismo nombre, que guarda una interesante colección de cuadros de la escuela cordobesa.

En la misma plaza de San Andrés se levanta la **casa de los Luna,** y entrando por la calle Fernán

Cristo de los Faroles,
en la plaza de Capuchinos

Pérez de Oliva, la **casa de los Villalones,** otro ejemplo de la arquitectura civil de época renacentista.

Desde este edificio, subiendo, se ve la **iglesia de San Pablo.** Se trata de un templo grandioso, con tres naves y un magnífico artesonado. Posee varias capillas, de las cuales la más espectacular es la del Cristo de la Expiración, aunque sin duda su mayor tesoro es el grupo escultórico de la Virgen de las Angustias.

Muy cerca, paseando por la calle Alfonso XIII, se llega al **Círculo de la Amistad,** en el número 14, un casino cuyo origen se remonta a 1850. Tiene un claustro y un bello patio de sabor mudéjar, vestigios del convento sobre el cual se levantó. Desde siempre, el Círculo de la Amistad ha sido un referente cultural y artístico en Córdoba. Posee una magnífica biblioteca y una valiosa colección de arte.

Para terminar el recorrido por algunas de las iglesias fernandinas, no hay más que seguir la calle hasta la **plaza de las Tendillas,** oficialmente considerado el centro de Córdoba, presidida por la **estatua ecuestre del Gran Capitán.**

Al lado mismo de esta plaza se encuentran dos de las **iglesias** fernandinas más interesantes de Córdoba, la de **San Miguel** y la de **San Nicolás de la Villa.** La primera, en la plaza de su nombre, tiene hermosas fachadas y, en el interior, de estilo gótico y estirpe burgalesa, la exquisita capilla de los Vargas, de gran sabor islámico.

San Nicolás se sitúa más allá de la calle Gondomar, en el bulevar del Gran Capitán. Tiene, a decir de muchos, la torre más bella de Córdoba, a pesar del armatoste que, como campanario, le añadieron en el siglo XVIII. En el interior sobresale el artesonado de madera de la nave central, renacentista, y, sobre todo, la capilla del Bautismo, con sus exquisitas arquitectura y decoración igualmente renacentistas.

Más allá del casco histórico. La Córdoba de hoy

La **estación del ferrocarril,** situada en la **plaza de las Tres Culturas,** constituye uno de los ejemplos de la Córdoba de nuestros días. Su estructura de hormigón y cristal se inclina por el espacio, a la vez que pone de relieve el orden y la pulcritud que sintetizan las construcciones modernas. Frente a ella se sitúa la **estación de autobuses,** en cuyo interior, curiosamente, se encuentran integrados de manera armoniosa los restos de una antigua mezquita musulmana, así como los de un acueducto romano que llegarían a utilizar los árabes. También se descubrió el gran **yacimiento arqueológico**

Cuesta del Bailío

de Cercadillas, en el que se localiza el **palacio del emperador Maximiano Hercúleo,** del siglo IV d. C., una basílica y una necrópolis paleocristianas y un arrabal islámico en el que existieron un zoco y varias mezquitas.

El soterramiento de las vías del ferrocarril hacia el este ha dado lugar a un espléndido paseo de casi dos kilómetros de longitud que ha cambiado por completo la fisonomía de la ciudad en esta zona. A la derecha del paseo y a todo su largo sigue un jardín en el que, además de una gran variedad de árboles de distintas especies, abundan las fuentes, las acequias por las que corre el agua y los espacios de recreo.

Lindando con el comienzo de este paseo, hacia el sur, se abren los viejos **jardines de la Agricultura,** hoy reordenados y modernizados, sin cambiar ni su estructura ni su soberbio arbolado.

Tras estos **jardines** se extienden, siempre hacia el sur, los **de**

Plaza de las Tendillas

la **Victoria,** ambos oasis de frescura y de calma en medio del tráfico automovilístico que discurre por las avenidas. En estos últimos jardines, a la altura de la puerta de Gallegos, se localiza el que es, sin duda, a decir de los técnicos, el **mausoleo** más relevante de la *Corduba* romana. Perfectamente restaurado y visitable, constituye una muestra más de la imposible separación en Córdoba de lo antiguo y lo moderno.

Los jardines de la Victoria se ven interrumpidos por la glorieta de la Cruz Roja, tras la cual, continuando el camino hacia el sur, se encuentran los de **Vallellano,** en un amable paseo a través del cinturón verde del que Córdoba ha sabido dotarse, se llega en primer lugar al cementerio de Nuestra Señora de la Salud, en cuyo recinto se encuentra el **mausoleo de Manolete,** obra de Amadeo Ruiz Olmos, de 1951, y el **de Lagartijo,** labrado por Mateo Inurria en 1896.

Algo más abajo del cementerio, prácticamente a la orilla del río y junto al puente de San Rafael, está

la avenida de Linneo. Aquí se localizan el **Zoológico** y el **Jardín Botánico.** El primero se ha convertido en un centro de conservación de flora y fauna silvestre y de educación ambiental, y es un lugar muy atractivo, principalmente para los niños. El segundo es, antes que nada, un lugar paradisíaco, tanto para pequeños como para mayores. Pero lo realmente importante es que en sus más de seis hectáreas reúne una enorme variedad de plantas y de árboles de toda Andalucía y también de España.

A espaldas del Zoológico, con entrada por la avenida de Menéndez Pidal, se encuentra la **Ciudad de l@s Niñ@s,** un moderno parque infantil de más de 45.000 m² que combina zonas verdes con un gran número de atracciones infantiles.

El espacio se ha convertido en uno de los lugares preferidos por las familias cordobesas, que lo frecuentan con los más pequeños de la casa y es uno de los lugares de visita ineludible si se viaja con niños.

Alrededores de Córdoba

Para los que dispongáis de algo más de tiempo, y vehículo, los alrededores de Córdoba guardan lugares maravillosos que no hay que dejar de visitar.

Subiendo por la avenida del Brillante y tomando la carretera de Los Villares, a unos nueve kilómetros está el **parque** periurbano **de Los Villares,** un estupendo lugar preparado para pasar un día de campo, que los cordobeses suelen frecuentar, sobre todo los fines de semana. Antes de lle-

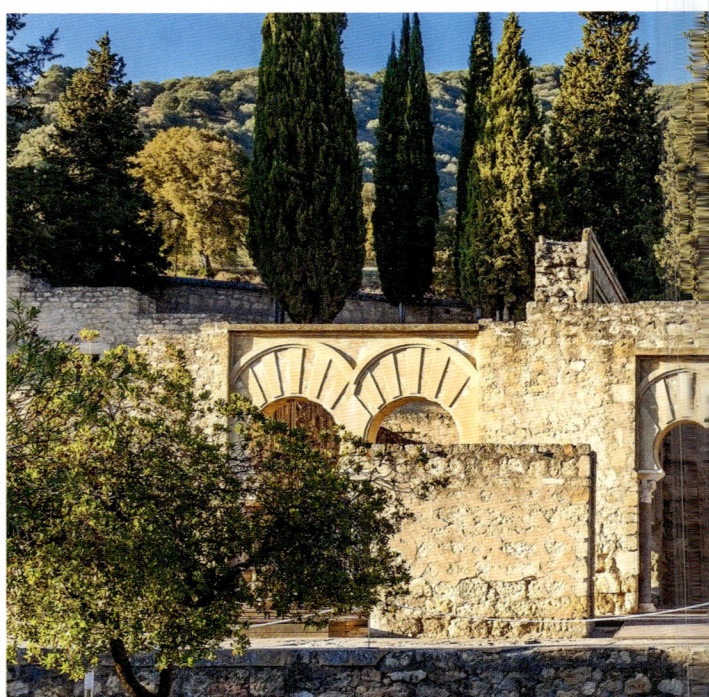

gar a este parque hay un desvío a la izquierda que conduce al Lagar de la Cruz.

Desde este punto, una carreterita que discurre a través de un bosque de encinas y alcornoques lleva hasta las **ermitas**, un eremitorio famoso que data del siglo III.

Se trata de un vergel boscoso y un oasis de paz en plena montaña. En las lomas se distribuyen las casitas o ermitas donde vivían los anacoretas. Desde este lugar se contempla una extraordinaria panorámica de la ciudad, especialmente al atardecer.

Casa de los Visires, Medina Azahara.

Detalles del interior de Medina Azahara

Medina Azahara

Desde las ermitas hay que tomar la carretera que lleva al cruce de la Trassierra y, desde aquí, bajando por el ramal de la izquierda, después de unos cuatro kilómetros se llega a **Medina Azahara,** la ciudad palatina que Abderramán III, recién autoproclamado califa, ordenó construir como muestra y resumen de su extraordinario poder. Tanto las crónicas musulmanas como las de los embajadores de los reinos cristianos narran con asombro las maravillas de esta verdadera urbe (se fundó en el 941), que llegó a reunir 25.000 habitantes y desde la cual el califa regía los destinos de su imperio.

Su belleza era increíble. Su riqueza también. Mármoles, piedras preciosas, oro, plata, una arquitectura sublime, una ornamentación profusa que cubría todos los muros de ataurique, es decir, piedra tallada, el urbanismo y hasta el sitio elegido para su ubicación la convirtieron en un emporio inigualable no solo de su tiempo, sino también de épocas posteriores.

Sin embargo, el esplendor de la ciudad fue fugaz, ya que los bereberes la arrasaron en el 1010. Las ruinas cayeron en el olvido y sufrieron expolio durante centurias. La recuperación de los restos, que se inició en el siglo xx, ha conseguido que el visitante se haga una idea bastante fiel de lo que significó. Lo primero que impresiona en la visita es el **paisaje.** La ciudad se encuentra en el monte de la Novia, a unos ocho kilómetros del casco urbano de Córdoba. Tenía unas dimensiones de 1.500 m de longitud por 750 de ancho, es decir, 112 hectáreas de superficie, de las cuales se ha excavado una parte y continúan los trabajos arqueológicos.

Posee un perfil escalonado. En lo más alto se halla el **alcázar,** donde residía el califa. Algo más abajo estaban las caballerizas y el cuerpo de guardia. A la misma altura se encuentra la zona de administración. Luego viene el palacio del primer ministro. En la siguiente terraza se hallan los restos de la **mezquita** con que contó la ciudad.

Por último aparecen las dos zonas más atractivas del espacio arqueológico: los **jardines,** espléndidos y extensos, cercados por una muralla, y el salón del califa Abderramán III, conocido como **salón Rico,** magnífico, recuperado casi en su totalidad, que estaba destinado a las recepciones políticas.

Pero Córdoba no termina aquí. Más allá, la *sierra* guarda lugares de gran belleza, con itinerarios señalizados para la práctica del senderismo. Y por supuesto no hay que olvidar los municipios de la provincia, que guardan auténticos tesoros de patrimonio y cultura.

DORMIR
Y COMER

🛏 Dormir en Córdoba

Hotel Mezquita** (C2) **1**
Plaza Santa Catalina, 1.
Telf. 957 475 585.
https://hotelmezquita.com
Una de las mejores opciones para hospedarse en Córdoba. Ocupa el lugar de un antiguo palacio y en su restauración se han respetado los elementos más destacados. Una de las habitaciones era la capilla. El desayuno en el patio es todo un lujo.
Habitación doble: desde 50 €.

Hotel González** (C1) **2**
Manrique, 3.
Telf. 957 479 819.
www.hotel-gonzalez.com
Aquí acabaréis si en el anterior no quedan habitaciones. Los dos son de la misma familia, pero este, siendo confortable y tranquilo, es menos acogedor y algunas habitaciones resultan oscuras.
Habitación doble: desde 45 €.

Hotel Don Paula** (B2) **3**
Plaza Pineda, 2.
Telf. 957 493 001.
https://hoteldonpaula.com
En una tranquila plaza, a un paso de la Judería y de la Mezquita. Cuenta solo con diez habitaciones en una casa tradicional muy bien habilitada, todas con baño, aire acondicionado, televisión y wifi. Dispone de aparcamiento.
Habitación doble: desde 62 €.

Hotel San Miguel** (B2) **4**
San Zoilo, 4.
Telf. 957 475 861.
www.hotelsamilguel.com
Otra casa acondicionada, esta en el corazón de la zona más comercial, que hasta no hace mucho fue una estupenda bodega y taberna. Once habitaciones, algunas de las cuales dan al precioso patio alrededor del cual se distribuyen; todas cómodas, con baño, aire acondicionado, televisión, teléfono y una muy agradable decoración.
Habitación doble: desde 89 €.

**Hotel La Boutique
Puerta Osario***** (A3) **5**
Osario, 7.
Telf. 957 498 039.
www.hotellaboutique.com
Establecimiento de diseño, con una formidable relación calidad-precio. Junto a una de las puertas de la muralla romana, en la zona comercial, cerca de todo, incluidos los barrios castizos de Santa Marina y San Lorenzo. Dispone de aparcamiento.
Habitación doble: desde 53 €.

Hotel Maestre* (C2) 6
Romero Barros, 4 y 6.
Telf. 957 472 410.
www.hotelmaestre.com
Junto a la plaza del Potro, donde están los museos de Bellas Artes y de Julio Romero de Torres. Bajo el mismo nombre y en la misma calle, podéis elegir entre el hotel, bien mantenido y con dobles confortables; el hostal, con 26 habitaciones en torno a dos patios, y un aparthotel con módulos para 4 personas.
Habitación doble: desde 40 €.

Pensión Los Arcos* (C2) 7
Romero Barros, 14.
Telf. 957 485 643.
https://pensionlosarcos.com

Junto a la plaza del Potro, como el anterior. Una notable casa cordobesa con un gran patio central, alrededor del cual se distribuyen las habitaciones. Luz, flores, comodidad y tranquilidad.
Habitación doble: desde 35 €.

Hotel Casa de los Faroles*** (B3) 8
Alfaros, 34.
Telf. 957 496 271.
Recientemente construido, pero respetando escrupulosamente la arquitectura tradicional de la zona, con lo que se ha conseguido un establecimiento con gran encanto. Tiene un precioso patio columnado de inspiración mudéjar. Habitaciones amplias y cómodas, aunque las que dan a la calle

Dónde alojarse

La capital cordobesa cuenta con un número nada desdeñable de hoteles, hostales y pensiones de distinta categoría. En general, no es necesario efectuar reserva con mucha antelación, salvo en épocas de especial relevancia como pueden ser Semana Santa y mayo, mes festivo por excelencia en Córdoba. Los grandes hoteles son modernos y confortables, pues en los últimos años se ha llevado a cabo una profunda renovación hostelera. Las pensiones se localizan en su mayoría en casas cordobesas, de amplios y luminosos patios. En ellas, aunque con bastantes menos lujos que en los hoteles, el cliente recibe un trato muy personalizado, se podría decir que familiar.

Dormir y comer

pueden sufrir el ruido del tráfico, bastante intenso a determinadas horas del día.
Habitación doble: desde 45 €.

Hostal La Fuente* (C2) 9
San Fernando, 51.
Telf. 957 487 827.
www.hostallafuente.com
Cuidado, acogedor y familiar. Todas las habitaciones tienen baño y muchas aire acondicionado.
Habitación doble: desde 38 €.

Hotel Conde de Cárdenas** (B2) 10
Conde de Cárdenas, 9.
Telf. 957 940 390.
www.hotelcondedecardenas.com

Confortable establecimiento en el centro de la ciudad, a un paso de las Tendillas y a un corto paseo de la Mezquita. Habitaciones bien equipadas, algo justas, pero suficientes, con baño, TV y aire acondicionado.
Habitación doble: desde 60 €.

Pensión El Portillo (C2) 11
Cabezas, 2.
Telf. 957 472 091.
www.pensionelportillo.com
Establecimiento veterano que se conserva en plena forma, con un precioso patio cordobés y en una de las calles emblemáticas de la ciudad. Mucha limpieza, buen trato y una austeridad llena de en-

canto. Habitaciones con cuarto de baño, aire acondicionado y wifi. Habitación doble: desde 35 €.

Hotel Riad Lineros 38

(C3) 12
Lineros, 38.
Telf. 957 482 517.
Una exquisita atmósfera andalusí recibe al visitante en este establecimiento lleno de encanto. La exquisitez llena todos los rincones. Habitaciones de lo más sugerente y completa equipación.
Habitación doble: desde 42 €.

Arc House Córdoba Only Adults (C2) 13

Osio, 6.
Telf. 957 485 165.

Albergue instalado en una casa cordobesa restaurada y acondicionada con un montón de detalles decorativos. Precioso patio, mucha luz y mucha tranquilidad.

Albergue Interjoven Córdoba (C1) 14

Plaza Judá Leví, s/n.
Telf. 955 181 181.
www.interjoven.com
En plena Judería y con todos los servicios propios de esta red oficial. También para adultos.
Persona/noche: desde 21 €.

Hotel Viento 10** (D3) 15

Ronquillo Briceño, 10.
Telf. 957 764 960.
https://hotelviento10.es

Pequeño, acogedor y lleno de encanto. Está situado en una de esas callejitas estrechas tan características de Córdoba y asomando al río, con un parque infantil enfrente y un buen aparcamiento a cien metros. Habitaciones coquetas y bien equipadas, con wifi, baño, aire acondicionado, *jacuzzi*, sauna y solárium. Atención esmeradamente familiar.
Habitación doble: desde 77 €.

La Posada del Molino**
(D3) **16**
Ronda de los Mártires, 3.
Telf. 957 267 103.
Está muy cerca del anterior, pero ya frente al llamado Balcón del Guadalquivir. Siete habitaciones con baño completo y aire acondicionado y decoradas al estilo de las casas señoriales cordobesas. El servicio inmejorable, cercano y familiar.
Habitación doble: desde 55 €.

La Casa de los Azulejos**
(C3) **17**. Fernando Colón, 5.
Telf. 957 470 000.
http://casadelosazulejos.com
Con ambiente colonial, es una delicada sorpresa.
Habitación doble: desde 70 €.

Hospedería Alma Andalusí
(C1) **18**. Fernández Ruano, 5.
Telf. 626 901 656.
www.almaandalusi.com
Una antigua casa de vecinos restaurada con extraordinario gusto. Decoración minimalista de gran efectividad. Preciosas y muy completas habitaciones.
Habitación doble: desde 40 €.

Soho Boutique Atalia (C2) **19**
Buen Pastor, 19. Telf. 957 496 659.
www.sohohoteles.com
Establecimiento con gran encanto, en el que se unen por igual el diseño y la comodidad.
Habitación doble: desde 54 €.

 # Comer en Córdoba

El Caballo Rojo (C2) ❶
Cardenal Herrrero, 28.
Telf. 957 475 375. Templo de la culinaria cordobesa que ha recuperado platos de la cocina mozárabe.
Precio medio: 45 €.

El Churrasco (C1) ❷
Romero, 16. Telf. 957 290 819.
Ofrece unos estupendos platos elaborados con materias primas de primerísima calidad.
Precio medio: 45 €.

Taberna Salinas (C3) ❸

Tundidores, 3.
Telf. 957 480 135.
Desde 1879 esta es una de las tabernas más antiguas de Córdoba y ha sabido adaptarse a los tiempos actuales sin perder su esencia. Gran calidad en todos sus productos, buen vino y un trato profesional y amable.
Precio medio: 30-40 €.

¡Caracoles!

Nada más comenzar la primavera aparecen en Córdoba los puestos de caracoles. Los cordobeses gustan mucho de este gasterópodo y lo consumen abundantemente, de manera especial el que recibe el nombre popular de *chico,* caracol común, pequeño, blanquecino, con listas de color oscuro. Los puestos, amplios tenderetes entoldados, con una barra en la que se despacha el género, se extienden a lo largo y ancho de la ciudad.

Aparecen en un sinfín de lugares: en la plaza de la Magdalena y en la de los Padres de Gracia, en los Jardines de la Agricultura... Los caracoles suelen guisarse en el propio puesto, a lo largo de la mañana, y comienzan a llenarse a mediodía, pero es al atardecer cuando reciben un mayor número de visitantes. Los caracoles se sirven en vasos de cristal, bien llenos de un caldo  muy caliente y apetitoso. Y es gracia que, a pesar del calor, este manjar resulta no solo grato, sino incluso refrescante, algunos creen que por la guindilla.

En Córdoba hay numerosos bares que cocinan y sirven caracoles, pero el lugar tradicional para degustarlos es en los puestos callejeros.

🍸 La noche

El núcleo principal de la movida nocturna se encuentra actualmente en el centro de la ciudad, principalmente en las **calles Gran Capitán, Fernando de Córdoba, Reyes Católicos** y alrededores.

Un espacio interesante es el **Mercado de la Victoria,** en los jardines del mismo nombre, un sitio original donde se agrupan una serie de bares que por las noches sirven copas en sus terrazas.

Otra zona muy concurrida es la **avenida del Brillante.** Aunque ha perdido bastante potencia, todavía quedan en **Ciudad Jardín** sabrosos locales, especialmente en las calles José María Valdenebro, Los Alderetes y Camino de los Sastres.

La **plaza del Zoco** y alrededores cuenta con numerosas terrazas muy animadas la mayor parte del año, lo mismo que la zona de **Las Islas,** en el poniente de la ciudad, y la zona de la **Ribera.**

Los aficionados al flamenco cuentan con lugares como **El Cardenal** (Buen Pastor) y **Taberna La Fuenseca** (Juan Rufo).

El Potro (C3) ❹

Lineros, 2.
Telf. 957 473 495.
Por su decoración, un tanto folclórica, puede resultar turístico, pero sus menús y platos combinados tienen fama entre los estudiantes por su bajo precio y su buena calidad. Terraza y comedor.
Precio medio: 25-30 €.

Taberna Las Beatillas (B4) ❺

Plaza de las Beatillas, 1.
Telf. 957 483 336.
Otra sitio tradicional, en el barrio de San Agustín, con un gran patio y pequeños reservados alrededor. Raciones variadas y abundantes de la gastronomía cordobesa muy bien elaboradas.
Precio medio: 30-35 €.

Taberna Casa Bravo (C1) ❻

Puerta de Almodóvar, 1.
Telf. 615 181 415.
A la entrada de la Judería, es decir, en pleno centro turístico, pero con los precios contenidos y con una excelente cocina cordobesa. Los lunes noche se reúne una tertulia flamenca en la que suelen actuar cantaores espontáneos.
Precio medio: 30 €.

El Mirador (f.p.)

Avda. Fray Albino, 7.
Telf. 957 420 378.

En su terraza se puede comer a base de raciones y cervecita o vino de la tierra a un precio increíble. Las vistas desde aquí son fabulosas pues se encuentra frente a la Mezquita-Catedral, al otro lado del río.
Precio medio: 20-25 €.

El Choto (C1) ❼

Almanzor, 10.
Telf. 957 760 115.
Un asador con clase, sumamente acogedor, donde las carnes son tratadas con manos de una delicadeza sutil hasta conseguir el punto exacto de cochura. Se puede comer muy bien a base de tapas y raciones.
Precio medio: 40 €.

Cocina 33 (D3) ❽

Paseo de la Ribera, 24, 1.
Telf. 957 110 278.
Establecimiento con decoración rústica y más bien elemental, pero con una cocina excelente en la que lucen de manera especial las verduras, aunque hay una correcta variedad de platos. Servicio cordial y efectivo.
Precio medio: 25 €.

Bodegas Campos (C3) ❾

Lineros, 32.
Telf. 957 497 500.
Cocina de mercado elaborada con rectitud y solvencia, en la que so-

bresalen algunos platos, como el rabo de toro, los lomos de rape o los postres. De lujo.
Precio medio: 45 €.

La Cuchara de Tony Montes
(A2) ⑩. Fray Luis de Granada, 9.
Telf. 957 740 401.
Un buen exponente de la cocina cordobesa tradicional elaborada con esmero y productos de primera calidad. Todos los días ofrece un plato de cuchara muy bien acogido por la clientela. Notable servicio.
Precio medio: 25-30 €.

Regadera (D2) ⑪
Ronda de Isasa, 10.
Telf. 676 025 695.
Exhibe creatividad e innovación aplicadas a los platos de la cocina cordobesa de siempre, como, por ejemplo, el cochinillo ibérico confitado o la pierna de cordero lechal glaseada. Más bien pequeño, por lo que conviene reservar.
Precio medio: 30-40 €.

Sociedad Plateros (f.p.)
María Auxiliadora, 25.
Telf. 957 470 304.
Casi enfrente de los Salesianos y a un paso de las iglesias de San Lorenzo y de los Padres de Gracia. En la Córdoba profunda, genial y poco frecuentada por el turismo. Aquí se cría el vino de esta afamada sociedad, cocinan el bacalao en una inmensa variedad de formas y tienen un magnífico patio de verano donde, a veces, es posible escuchar flamenco del bueno.
Precio medio: 25 €.

Mesón Guerrita (f.p.)
Avda. de Guerrita, 18.
Telf. 957 454 470.
Aquí lo mejor es comer a base de raciones, con especialidades como el revuelto de bacalao y gambas, las croquetas caseras, o el rabo de toro. Y para acompañar, el vino de Montilla-Moriles es la mejor elección.
Precio medio: 20-25 €.

Fran (f.p.)
Manuel Fuentes Bocanegra, 31.
Telf. 957 411 511.
En poquísimo tiempo, las patatas al pelotón se han ganado enorme fama en Córdoba. Pero tienen muchas cosas más, a cual mejor. Imprescindible reservar.
Precio medio: 25-30 €.

Astoria (Casa Matías) (f.p.)
Nogal, 16.
Telf. 957 277 653.
Retirado de los circuitos turísticos, pero no pierde comba. La prueba es su veteranía. Cocina de mercado de altísima calidad. Servicio atento y esmerado.
Precio medio: 30 €.

PESCADO
FRITO
- BOQUERONES
ACEDIAS
CHOCOS
CALAMARES
ORTIGUILLAS
TORTILLITAS
DECAMARONES
CAZON
GALLO

BACALAO
PLANCHA
—
GALLO PLANCHA
—
CHOCO
PLANCHA
-
ROBALOS
ALMEJAS
- VAPOR
- MARINERA
- AJILLO

EL
CONTEXTO

Cronología histórica

169 a. C.	Se considera esta fecha la de fundación de Córdoba (Corduba) por el general romano Claudio Marcelo. Durante el Imperio romano, la ciudad fue capital de la provincia Bética.
15 a. C.	Se inician las obras de construcción del teatro.
4 a. C.	Nace en Córdoba el gran filósofo moralista Lucio Anneo Séneca.
Siglo I d. C.	Se construye el puente sobre el Guadalquivir.
572.	El rey visigodo Leovigildo conquista Córdoba.
756.	Abderramán I, nacido en Damasco, instaura el Emirato omeya de Córdoba, después de derrotar al gobernador de la ciudad.
c. 780.	Abderramán I compra a los cristianos la catedral visigoda para construir sobre ella la Mezquita, que sería ampliada por sus sucesores.
796.	Alhakén I es proclamado tercer emir de Córdoba. Nacido en la ciudad, su reinado estuvo plagado de conflictos y sublevaciones.
822.	El cuarto emir omeya de Córdoba toma posesión del cargo. Hijo de Alhakén I, Abderramán II dotó de esplendor a la ciudad. Fue un gobernante interesado en la ciencia, el arte y la literatura, y atrajo a su corte a los sabios más ilustres de su tiempo.
912.	Abderramán III se proclama emir de Córdoba. Sucesor de su abuelo, Abdalá I, será el octavo y último de los emires. Reinó cincuenta años, durante los cuales Córdoba vivió su etapa de mayor riqueza cultural e intelectual.
929.	Abderramán III rompe definitivamente con Damasco. De emir pasa a convertirse en califa, y proclama el Califato independiente.
936.	Se inician, bajo el Califato de Abderramán III, las obras de construcción de la ciudad palatina de Medina Azahara.
994.	Nace en Córdoba el historiador y poeta Ibn Hazm.

1010. Los bereberes, al mando de Sulaimán al-Mustaín, arrasan completamente Medina Azahara.

1031. La guerra entre los partidarios al trono acaba con el Califato de Córdoba y precipita la disolución del al-Ándalus en diversos territorios, llamados Reinos de Taifas.

1126. El filósofo y médico Averroes, descendiente de una influyente familia árabe, nace en la ciudad.

1135. Nace en Córdoba el pensador judío Maimónides.

1236. El rey Fernando III el Santo conquista Córdoba para los cristianos.

1315. Yishaq Moheb impulsa la construcción de una sinagoga en la Judería. Hoy es el único edificio puramente judío que queda en Córdoba.

1411. Nace el poeta cordobés Juan de Mena.

1486. Cristóbal Colón acude a Córdoba para solicitar fondos a los Reyes Católicos para su viaje a las Indias.

1561. El 11 de julio nace el poeta y dramaturgo cordobés Luis de Góngora y Argote.

1651. La Iglesia admite las apariciones de San Rafael y el arcángel es proclamado solemnemente custodio de la ciudad.

1867. Nace en Córdoba el gran escultor Mateo Inurria. Es obra suya la estatua ecuestre del Gran Capitán que preside la plaza de las Tendillas.

1874. Nace uno de los hijos ilustres de Córdoba, el pintor Julio Romero de Torres.

1917. En una casa de la calle Conde de Torres Cabrera viene al mundo Manuel Rodríguez Sánchez, más conocido como Manolete.

1931. El presidente de la República, Niceto Alcalá Zamora, inaugura en noviembre el Museo Julio Romero de Torres.

1933. Se celebra por primera vez un concurso entre los propietarios cordobeses de patios para designar el más bonito.

1947.	La tarde del 28 de agosto, en Linares, *Islero,* un miura de 495 kg, acaba con la vida del joven diestro Manolete.
1984.	La Unesco declara la Mezquita de Córdoba Patrimonio Mundial.
1992.	Se inaugura la línea de ferrocarril Ave que une Madrid y Córdoba.
1994.	La Unesco amplía la declaración de Patrimonio Mundial para la Mezquita y añade todo el casco histórico de Córdoba.
2008.	Finaliza la rehabilitación del puente romano, que lo convierte en peatonal.
2012.	La Fiesta de los Patios es proclamada Patrimonio Inmaterial de la Humanidad.
2018.	La Unesco declara un nuevo Patrimonio Mundial para Córdoba: Medina Azahara.
2023.	Tras la construcción de una nueva pista y otras mejoras, el aeropuerto se prepara para recibir vuelos comerciales regulares.

Costumbres y tradiciones

Córdoba es una ciudad abierta en la que lo único que se rechaza del visitante es la pedantería. Orgulloso de sí mismo y de su entorno, el cordobés resiste mal el aire de grandeza o de amenaza que a veces le llega de fuera; como se dice en tono coloquial, sin comerlo ni beberlo, es decir, sin que él haya pretendido nunca compararse con nadie. Una admiración sencilla ante lo digno de admirar es más que suficiente para ganar un amigo. No son necesarios mayores elogios, que al cordobés, muy pronto, pueden empezar a sonarle a huecos y a falsos, aunque no lo sean.

Carácter y estilo. El carácter cordobés no tiene nada del barroco tan habitual en otras latitudes andaluzas. En Córdoba la palabra se mide por su peso, más que por su sonido o por su geometría.

El cordobés es un tipo más bien sensual y melancólico, de pensar hondo y sentencia precisa, un punto irónico y hasta mordaz (chinche, se dice en Córdoba). Sin embargo, no por ello resulta más difícil hacer amigos en Córdoba que en otros lugares de Andalucía, pues los cordobeses son, a la par que serios, amables y hospitalarios, gente que sabe tender una mano sea cual sea el motivo y la circunstancia.

El sello del carácter de los cordobeses marca profundamente la vida cotidiana. En Córdoba la moda no se sigue a pie juntillas, sino que se escoge de ella lo que interesa, adaptándola con gran cuidado al gusto personal. El cordobés es un hombre elegante, elegante en el vestir, en el paso y en el gesto, en la manera general de comportarse. Más todavía la mujer.

La reconocida belleza de la mujer de Córdoba se concreta de manera singular en su elegancia, en el garbo natural e inteligente con el que se comporta en las distintas situaciones del devenir cotidiano. Hombre y mujer visten con sobriedad, aunque atentos siempre al detalle que mejor resalta su personalidad individual. La capa cordobesa y el sombrero de ala ancha en el hombre, así como el traje negro en la mujer, de chaqueta corta y ajustada y falda de amazona, que constituyen la vestimenta tradicional de toda una época, son pruebas de una distinción en el vestir que en el fondo, ya que no en la forma, todavía perdura, a pesar de la uniformidad general que tiende a imponer la vida moderna.

Vida cotidiana. El clima, cálido durante buena parte del año, invita a salir de la vivienda y a relacionarse con los demás. Antaño, los vecinos se reunían en los propios patios, con los que contaban la mayoría de las casas.

En la actualidad, aunque subsisten aún bastantes patios, las construcciones modernas arrojan a la gente a los bares, cuyas amplias terrazas, que empiezan a llenarse al atardecer, permanecen abier-

tas hasta bastante tarde, especialmente en verano.

El cordobés es amante del buen vino de la tierra, que se produce y cría en los pagos de Montilla y Moriles, denominación de origen de gran fama. Es costumbre generalizada beberlo despaciosamente en las tabernas, de las que, pese a haber desaparecido bastantes, quedan todavía un buen número, muchas de ellas de honda tradición. La juventud, sin embargo, ha abandonado prácticamente esta costumbre. La mayoría prefiere los pubs y discotecas que se localizan, sobre todo, en el Vial Norte, en el centro, en Ciudad Jardín, en el polígono de Chinales o, hacia poniente, en la zona de las Islas.

Tradicional costumbre cordobesa es la salida al campo los domingos y días festivos. La cercana sierra, por cuyas faldas más próximas trepan desde hace algunas décadas chalés y casas ajardinadas, invita poderosamente al contacto con la naturaleza. En el campo se come el perol, especie de paella caldosa, especialmente de carne, aunque también son bien recibidos los mariscos, que recibe su nombre por el cacharro en el que se guisa. Ir al campo con la perspectiva de guisar en él se dice en Córdoba "ir de perol".

Existe una enorme variedad de lugares hermosos en los que echar

Montilla-Moriles

El vino que se bebe en Córdoba procede casi en su totalidad de los pagos de Montilla y Moriles, zona vitivinícola situada en el centro de la campiña, a escasos kilómetros de la capital. Ahora el vino lo sirven en airosos catavinos, pero en Córdoba se sigue pidiendo por *medios,* capacidad que tenían antiguamente los vasos y que equivalía a medio cuartillo (un octavo de litro).

el día, aunque en los últimos años, el perol se circunscribe al parque periurbano de Los Villares, único lugar en el que está permitido hacer fuego. Dentro de esta costumbre, de gran arraigo incluso en las generaciones más jóvenes, deben incluirse las **romerías** al santuario de Santo Domingo y al de Nuestra Señora de Linares, que se celebran respectivamente el segundo domingo de abril y el primero de mayo. El 24 de octubre, fecha en la que por privilegio eclesiástico continúa celebrándose en Córdoba el día de San Rafael, la salida al campo es especialmente masiva, para celebrar al custodio de la ciudad.

La afición al cante **flamenco** se manifiesta en la existencia de numerosas **peñas** que se distribuyen por todos los barrios de la capital, especialmente los más populares. Estas peñas, que organizan a lo largo del año abundantes actividades que tienen por eje el flamenco, constituyen lugares privilegiados para escuchar el buen cante, estando en su mayoría abiertas no solo a los socios, sino también al público en general. Algo parecido hacen los numerosos aficionados a los **toros**, constituyéndose en peñas que llevan los nombres de sus toreros y que suelen tener sus sedes en reservados de las tabernas. El gusto por los **caballos,** sin embargo, resulta más privado, aunque se pone de manifiesto públicamente en la feria de mayo y en las romerías de Santo Domingo y de Linares, acompañadas año tras año de un número creciente de caballistas ataviados a la andaluza.

El delicioso rabo de toro

Una de las aficiones, esta vez culinaria, que cultivan los cordobeses es degustar el rabo de toro, uno de los platos más típicos de Córdoba, además del salmorejo.

El rabo de toro es una bendición divina. Es un plato fuerte, del que no conviene abusar, pero de un sabor exquisito e inolvidable. Se suele servir en cazuela de barro, con una salsa no muy espesa, un ligerísimo pique y una porción de patatas fritas cortadas en tiras.

No hay cosa mejor que saborear una ración de rabo de toro, con un medio de vino de Montilla, en una de las agradables terrazas de la ciudad.

Religión. Dentro de la tradición religiosa, a cuyas formas son tan inclinados los andaluces, muchos cordobeses, especialmente las mujeres, acostumbran realizar, a lo largo de la semana, tres visitas ya clásicas.

Así, los martes, acuden en masa a la iglesia de los Padres de Gracia a ofrecer sus promesas al Rescatado a cambio de favores imposibles; los miércoles van al convento de Santa Isabel a pedir a San Pancracio salud y trabajo; finalmente, los viernes, se desplazan a la iglesia del convento de los Dolores a rezar un Ave María o una Salve a los pies de la imagen titular.

Más pagana que cristiana, en cambio, es la costumbre de adornar con grandes **cruces florales** calles y plazas, tradición que tiene lugar en los primeros días de mayo y que se ha convertido en una fiesta clásica, con concurso incluido que organiza el Ayuntamiento en colaboración con la Federación de Peñas.

Y luego está la devoción que los cordobeses sienten por el **arcángel San Rafael,** el custodio de la ciudad, de presencia ubicua en forma de triunfo.

Fiestas. En la tradición festiva de carácter más lúdico, no hay duda de que el mes de mayo marca un hito en el calendario.

Es precisamente en los **patios** donde se manifiesta uno de los rasgos típicos de Córdoba. Las casas con patio son mayoría en el casco histórico, una tradición que no viene de los árabes, sino del tiempo de la dominación romana. Son los patios recintos abiertos, visibles desde la calle, alrededor de los cuales se reparten las habitaciones. Sí es costumbre heredada de los árabes su transformación en un jardín, lleno de vegetación.

Hay en Córdoba cuatro tipos de patios: los señoriales y los populares, los de sol y los de sombra. Los

Bares y tabernas

La diferencia entre un bar y una taberna raya casi únicamente en el local. Las tabernas están en casas antiguas, de gruesos muros, lo que les permite mantener una temperatura constante, independientemente de la que haga en la calle. El cordobés bebe con prudencia y con sabiduría y, como no le gusta hacerlo solo, se reúne con los amigos en la taberna. La taberna, en Córdoba, no es solo un bar más o menos típico, es, por encima de todo, el lugar donde el cordobés rinde su amor al vino. Es, al mismo tiempo, ermita donde uno se encuentra consigo mismo y claustro donde se aprende a convivir con los demás.

En la taberna se habla poco y se medita mucho, y el gesto, mesurado y económico, adquiere toda su solidez y su grandeza.

Los bares, en cambio, se encuentran en locales comerciales de construcción moderna, por lo que la temperatura exterior, en verano muy alta, les afecta sensiblemente. Esta es la razón por la que el vino de las tabernas se conserva mejor cuando está en barril. Las tabernas, además, son más castizas, no suelen tener terraza, aunque sí patios, algunos de ellos cubiertos, y en muchas de ellas la decoración es fundamentalmente taurina.

Las tabernas se localizan en su totalidad en el casco histórico. Los bares se reparten por toda la ciudad. No obstante, para hacer más complicada la distinción, muchas de las tabernas figuran con el nombre de bar, incluso en el rótulo que tienen en la puerta.

señoriales suelen ser serios, concisos. Los populares pertenecen a casas de vecindad y son sencillos en arquitectura y materiales, aunque festivos y alegres. Patios de sombra son aquellos en los que el sol no penetra directamente, y así se llenan de plantas verdes, sin flores, como aspidistras y helechos, lo que les confiere un aire trascendente y hasta melancólico. Por el contrario, en los patios soleados lucen las plantas florales, como geranios y hortensias, el color los ilumina y la luz invade sus rincones. Cuando llega mayo, sin embargo, de todos ellos fluyen la gracia, el encanto y la belleza.

Cordobeses ilustres

Ya hemos hecho referencia en páginas anteriores a algunos de los artistas, pensadores y literatos que nacieron en Córdoba, pero la lista es tan extensa que no podemos dejar de profundizar en ella.

Desde los tiempos de dominación romana, Córdoba sirvió de inspiración a los filósofos. Sin duda el que ha pasado a la historia con mayor relevancia ha sido **Séneca.** Aunque nacido en Córdoba y perteneciente a una estirpe de ilustres cordobeses, se trasladó a Roma cuando cuando era niño, y allí transcurrió la mayor parte de su vida. Sin embargo, su filosofía, llamada senequismo, está considerada por muchos como una parte de la idiosincrasia cordobesa. El gran escultor cordobés **Mateo Inurria** realizó una estatua de Séneca que se puede contemplar hoy en el Museo de Bellas Artes.

Otras personalidades, como el filósofo **Maimónides** y el médico y pensador judío **Averroes,** nacieron en Córdoba, y la ciudad les rinde homenaje con sendas estatuas.

Uno de los más ilustres cordobeses es el poeta **Ibn Hazm** (994), cuya figura también está presente en la ciudad. Tal vez sea por haber cultivado un arte minoritario, pero lo cierto es que la figura de este poeta no alcanza la repercusión popular de otros artistas, aunque sin duda su obra tuvo gran significado. Muchos estudiosos lo consideran el mejor poeta cordobés de todos los tiempos, e incluso universal. A pesar de ser el creador de una extensa obra poética, solo ha llegado hasta nosotros *El collar de la paloma,* colección de poemas en los que plasma una concepción metafísica del amor, cuya influencia en otros artistas será notable.

Pero si hablamos de poesía, no cabe duda de que uno de los más afamados cordobeses es el poeta **Luis de Góngora y Argote** (1561) representante del Barroco literario. Su obra más conocida, aunque inacabada, fue *Soledades,* aunque también descuella en su repertorio la *Fábula de Polifemo y Galatea.*

Sin apartarnos de la literatura, no podemos dejar de mencionar la figura de uno de los artistas del romanticismo más polifacéticos: **Ángel de Saavedra, duque de Rivas** (1791). Expresó sus inquietudes artísticas a través de diversas disciplinas, entre ellas el teatro y la pintura, y se dedicó también a la política. Suya es la obra *Don Álvaro o la fuerza del sino,* considerada la pieza más importante de cuantas proporcionó el Romanticismo español.

En cuanto a la novela, el egabrense **Juan Valera** (1824) llenó gran parte del siglo XIX con su literatura. Sus títulos más afamados son *Pepita Jiménez* y *Juanita la Larga.*

Pero si Córdoba tiene un hijo ilustre ese es **Julio Romero de Torres** (1874), el pintor que mejor captó el espíritu de la ciudad. ¿Qué se puede decir de él que no se haya dicho ya? Romero de Torres fue el pintor de Córdoba. Nunca ha existido un artista tan universal y, al mismo tiempo, tan genuinamente cordobés. De pincelada elegante, sus cuadros transmiten sensualidad, voluptuosidad y misterio, aunque no están exentos de amargura. Las figuras femeninas de sus retratos representan con acierto la belleza de las mujeres de Córdoba.

El museo que lleva su nombre está instalado en su casa natal (fue aquí donde creó la mayor parte de su obra) y es el más visitado de Córdoba. El Museo de Bellas Artes, situado en el mismo edificio, al otro lado del patio, contribuye a que su visita sea una cita ineludible para los aficionados al arte.

El fondo del Museo Julio Romero de Torres está formado por las obras más representativas y conocidas del pintor, especialmente los retratos de mujeres cordobesas, así como por otras pinturas inspiradas en temas mitológicos, costumbristas o místicos.

Dejamos la pintura para referirnos a otro mito cordobés, **Manuel Rodríguez Sánchez,** Manolete, casi tan

Busto de Julio Romero de Torres.

presente en la ciudad como el inefable San Rafael. Se puede ver un monumento dedicado a su figura frente a la iglesia de Santa Marina, prueba de la vinculación del matador con este barrio.

Manolete nació en la calle Conde de Torres Cabrera en 1917, hijo de torero, y murió en Linares cuando acababa de cumplir los treinta años. Era fino de frente y de perfil, y sus silencios resultaron míticos. Tenía la seriedad del hombre que se sabe tocado por el destino. Su semblante reflejaba una permanente tristeza que nunca le abandonó. Le llamaron "el Montruo" y no se envaneció, y mantuvo en la calle la misma impavidez que en los ruedos. Esa serenidad fue lo que le otorgó su grandeza. No in-

ventó nada, incluso las manoletinas ya las habían ensayado otros antes que él, pero la manifestación de su insobornable personalidad en el ruedo fue lo que lo convirtió en un artista.

A pesar del paso del tiempo, su recuerdo despierta entre los cordobeses la admiración, el entusiasmo e incluso el fervor, y el dolor por su temprana y sobrecogedora muerte permanece en el corazón de la ciudad.

Monumento a Manolete, barrio de Santa Marina.

Índice

Índice